NUITS

DU MÊME AUTEUR

Djibouti, Buchet-Chastel et Folio Gallimard, 2015.

PIERRE DERAM

NUITS

roman

BERNARD GRASSET
PARIS

Jaquette : illustration Riki Blanco

ISBN 978-2-246-83896-8

Nathalie I

— Je ne sais pas, répétai-je, je ne sais pas.

— Est-ce parce que mes seins sont trop petits ? Veux-tu que j'éteigne la lumière ?

— Tu es parfaite.

Je revois Nathalie étendue sur le lit, cherchant ses mots, ne les trouvant pas ; puis, après avoir remué les lèvres deux ou trois fois pour réprimer une pensée qu'elle ne parvenait pas à formuler, renonçant finalement à troubler le silence qui s'épaississait entre nous et dans lequel, peu à peu, nous acceptions de nous laisser couler. Il faisait chaud. C'était l'été. Je n'y arrivais plus. Des portes pour moi s'étaient refermées pour toujours.

Il y a quelques semaines, au moment d'entamer l'écriture de ce livre, j'ai retrouvé dans une vieille boîte à souvenirs, au milieu des galons, des médailles, de tout le bric-à-brac de mon service militaire, une photo Polaroid prise dans un de ces bars de la rue C… dont j'ai oublié le nom. C'est une photo de groupe. Je suis assis sur un pouf en skaï, autour d'une table basse encombrée d'un narguilé en verre rouge, encadré d'autres jeunes gens de mon âge, crâne rasé eux aussi, et que je ne reconnais plus. Nous sommes à moitié plongés dans la pénombre et le flash de l'appareil donne l'impression de nous avoir débusqués sur le vif. Une fille inconnue est assise à côté de moi. Une Arabe, souriante, en caftan, avec du henné sur les bras. Une de ses mains est posée sur ma cuisse, comme si elle avait voulu signifier au photographe que nous partagions une sorte de romance. Je souris à l'appareil, mes yeux brillent un peu. C'était il y a dix ans à peine (mes cheveux courts, ma veste kaki…) mais l'impression qui se dégage de la scène me semble appartenir à un passé si lointain que je la croirais volontiers surgie d'une autre vie. Oui, c'était là-bas que tout avait commencé. Là-bas aussi qu'en quelque sorte, tout s'était déjà achevé.

Un soir, plusieurs mois après mon incorporation, dans le bas d'une rue de la médina dont j'ai oublié le nom, j'avais poussé la porte d'un bar à devanture rouge. Sur la façade, cinq grosses lettres déversaient dans la nuit un dégueulis de lumière fiévreuse : l'Oasis. Je n'en suis, je crois, jamais ressorti.

Plus tard, une des entraîneuses m'avait emmené à travers les rues jusqu'à la porte d'un logement dégarni et, me tirant par la main, m'avait fait monter trois étages d'un escalier en ciment (je découvrirai plus tard que partout dans le monde, les prostituées habitent souvent au dernier étage d'un bâtiment insalubre). J'étais saoul, la fille qui s'appelait M... avait tapé à la porte voisine pour demander des préservatifs à sa collègue. Elles avaient échangé quelques mots de connivence en arabe et son amie, serviette au-dessus des seins, m'avait regardé de la tête aux pieds. Je m'étais contenté de sourire. J'étais entré dans l'antre chaud et sombre de sa chambre. J'avais découvert cet instant bête où l'on se déshabille. Je ne sais pas si la fille s'était rendu compte qu'il s'agissait de ma première fois. Cela l'aurait sans doute amusée. Flattée peut-être. Ou peut-être rien du tout. J'avais bandé très fort. M... devait avoir 24 ou 25 ans. La vision de son corps nu abandonné sur le matelas, l'immense étendue de la peau et l'étrange lumière noire qui en émanait m'avaient donné le vertige. Quand je l'avais pénétrée, je me souviens très nettement avoir pensé « maintenant tu es un homme, maintenant tu es un homme ». Le lendemain, je lui avais donné deux billets de 1 000 francs.

Qu'on me comprenne : je ne prétends pas que ma vie eût été différente si je n'avais pas, ce soir-là, poussé la porte de ce bar. Trop de choses m'auraient de toute façon incité à la franchir un jour. La nuit est une vocation. Aussi loin que je me souvienne, elle avait toujours joué dans ma vie un rôle important. Enfant, l'obscurité m'avait longtemps servi de refuge et c'est vers elle que tout naturellement je devais me tourner plus tard quand, à un âge plus avancé, le jour commença de me causer du dégoût.

La caserne et le bordel formaient alors les deux pôles de ma vie et j'allais indifféremment de l'un à l'autre. Dans la société traditionnelle de D…, les filles occupaient une position de magnifiques lépreuses : honteuses mais riches, mises au ban mais libres. Timide, peu habitué à la compagnie des femmes, je tournais – fasciné – autour de cet univers comme on rôde sans oser s'en approcher autour d'un autel sacré. Appartements collectifs… maisons sans adresse… chambres aux fenêtres ouvertes d'où l'on pouvait encore entendre le bourdonnement de la rue, tout en ayant le sentiment de ne plus y appartenir du tout… Des odeurs chaudes et douces – de menthe fraîche, de citron poivré, d'épices – embaumaient ce dédale de tapis multicolores, de bibelots, de paravents tendus entre deux couches. Il y avait, punaisées aux murs, de ces petites photos talismans (vues de New York, stars de cinéma) chargées des rêves de toute la jeunesse du monde.

C'est de cette période, je crois, que je peux dater le début de ma fascination pour les chambres de passe, leur esthétique, leurs lumières, leurs aspects d'agréables cocons.

Pour celui qui monte, leur découverte est toujours à la fois l'occasion d'une surprise unique, et la certitude de retrouver un lieu familier, avec ses repères habituels : sa porte anonyme au bout d'un couloir sombre, son lit mille fois étrenné (de l'énorme deux places à ressorts et édredon jusqu'à la simple paillasse jetée au sol, au pied d'un ventilateur), son panier à lingettes, sa forêt de tubes recouvrant la table de chevet (gels, lubrifiants, savons intimes), son odeur indéfinissable, mélange d'encens, d'eau de bidet, de parfums et de draps frottés.

Froideur minimaliste des chambres de passage, avec leurs murs dépouillés et leurs ampoules nues, leurs lits de fer au bout desquels gisent, à peine déballées et parées déjà à repartir, les valises roses de ces étranges nomades modernes, transhumant d'un campement urbain à l'autre, en ne laissant derrière elles que quelques gouttes de parfum et les murmures d'un amant en pleurs.

Chaleur au contraire des chambres surchargées, rassurantes, de celles dont les quatre murs enserrent toute la vie et qui vous accueillent dans leurs maigres chez-eux, au milieu du désordre et des chats, des bibelots de toutes les couleurs et de la télé jamais éteinte, tandis que de la fenêtre à coulisse, la vue plonge à travers le brise-bise sur les lumières du trottoir que l'on vient de quitter.

Pour être exhaustif, il faudrait aussi évoquer l'infinie variation des escaliers et de leurs cages : celles des vieux immeubles parisiens aux paliers de bois grinçants, celles des immeubles périphériques à rampes en béton et lumières défaillantes, mais aussi le regard louche du concierge, et de tous ceux qui, s'en allant au travail de bon matin, croisent en descendant celle qui y remonte dormir. Pour être exhaustif, il y aurait tellement à dire…

Le visage que j'offre d'ordinaire à ceux qui me connaissent le mieux est celui d'un trentenaire un peu mou, velléitaire, taciturne et sans grande ambition, « On dirait que tu es né vieillard », me dit-on parfois sans détour, « que tu regardes la vie passer ». Je me renfrogne, je n'aime pas être poussé dans mes retranchements. Je ne dis pas que ce portrait est inexact, je dis qu'il en manque une partie importante, celle qui justifie l'autre. Sont-ils nécessairement paresseux, ceux qui dorment tout le jour ? Le drame de ceux qui mènent une double vie est d'être condamnés à n'être jugés, aimés ou haïs que sur la base d'un être diminué de moitié. Ainsi Nathalie me disait-elle souvent, vers la fin de notre histoire – qui n'avait été pour moi qu'une longue tentative de rédemption –, « tu es comme mort à l'intérieur de toi-même » et je ne pouvais que constater amèrement qu'elle disait vrai, que je serais à jamais incapable de la rejoindre dans la lumière pure où elle semblait baigner et à laquelle, pourtant, j'aspirais chaque jour.

Qu'y pouvais-je ? Et qu'aurait-elle pensé si, tombant tout à coup le masque, j'avais commencé à exhiber sous ses yeux le visage d'un jeune homme qu'elle n'eût pas reconnu et qui pourtant aurait eu mes traits ? À lui décrire l'attrait d'une vie, d'une lumière, d'une faune, d'un univers qui ne lui étaient rien ? d'une solitude qu'elle eût mal comprise ? À camper devant elle le décor d'un pays inconnu, où des femmes en caftan posaient sur mes cuisses des mains couvertes de henné ?

Je veux bien reconnaître par le détail chacun des griefs qui me sont faits, je veux bien même admettre que l'existence que je mène ne m'entraînera nulle part et sûrement pas bien loin, que je suis un homme en l'air, qui ne laissera derrière lui rien de solide. Reste que mon sentiment général demeurera inchangé et que sur mon lit de mort – quand bien même m'en eût-on démontré point par point leur ignominie – je ne crois pas que j'abjurerai ces heures, ces rues et ces visages inconnus qui, malgré toutes leurs imperfections, auront été mes seuls professeurs d'humanité. Alors, une grimace au coin des lèvres, je me relèverai de mon lit et – *in articulo mortis* – trouverai assez de force pour cracher à la face du jour : je n'ai aimé que la nuit.

Rue Blondel

La nuit, c'est d'abord la délivrance de la fin du jour, les longues fins d'après-midi qui s'étirent à attendre que la lumière décline et que le compte des heures s'épuise. La nuit cependant ne saurait être confondue avec le soir. Minuit en est la porte et tout ce qui précède n'en est pour moi que l'attente.

La vie des bars ne m'a longtemps passionné que parce qu'elle en constituait le vestibule, le carrefour incontournable entre ceux qui vont se coucher et ceux qui s'apprêtent à prendre le large. Je guettais le moment poignant de la soirée où chacun, au seuil de la porte, l'œil larmoyant, retarde l'heure de son départ pour quêter encore un peu de chaleur avant la grande solitude de la nuit, et où, disparaissant une à une, les silhouettes s'enfoncent dans les ténèbres en titubant.

J'aimais aussi l'alcool, et en particulier l'ivresse – cette enfance qui renaissait par la magie de quelques verres. Après quatre ou cinq tournées, j'éprouvais le besoin irrépressible de sortir de moi-même, je me sentais empli d'une immense bonté et me ralliais à cette illusion fraternelle qui, pendant quelques heures, fait se serrer entre eux les buveurs de toute origine. Il me semblait alors que l'univers d'ennui dans lequel je pataugeais allait tout à coup se fendre par la magie de quelques rencontres heureuses…

23 heures sonnaient et avec elles, au gré des fermetures, le début d'une quête vers les établissements encore ouverts, la lente et confuse transhumance des groupes de noceurs s'interpellant et se refourguant des tuyaux d'un trottoir à l'autre « rien par là », « quelqu'un m'a dit qu'ils fermaient à minuit par là-bas », « est-ce loin ? ». Drainés à travers le réseau serré des ruelles, les consommateurs délogés de leurs positions finissaient par converger sur les grandes artères. Une longue colonne grossissante s'organisait, se brisant et se perdant au gré des ordres et des contre-ordres, puis se reformait en processions décousues qui prenaient peu à peu l'allure d'une armée en pleine débâcle.

En tête, les jeunes tambours, l'orphéon des héros aux visages rougis, chantant bras sur bras des flonflons mélancoliques.

Derrière, le peloton des suiveurs, fantassins anonymes et gris, dont les pas déréglés se désynchronisaient à chaque rang. Vieux grognard soufflant qu'il n'a plus l'âge. Jeune promu tombé de son cheval et dont l'uniforme crotté n'a pas survécu à la première escarmouche. Troupe des bleus à estomac noué, n'ayant rien mangé depuis la veille. Ombres hurlantes tambourinant aux portes des enseignes éteintes avant que deux camarades ne l'assomment.

Plus à l'arrière, la masse confuse finissait de se désagréger. Profitant de l'absence des officiers, des groupes imprécis se formaient au petit bonheur. Des hommes alourdis et épuisés se débarrassaient par-dessus tête de leurs besaces et ouvraient grand leurs vareuses pour se donner un peu d'air. Des gourdes passaient de main en main. Tout n'était plus que confusion, assemblage hétéroclite d'uniformes de toutes les couleurs. Profitant de l'obscurité, des fuyards, des déserteurs, se laissaient peu à peu distancer, prêts à tourner discrètement le coin de la rue pour retrouver quelque part une femme qui les attendait, un rouleau de pâtisserie à la main, sous la lampe d'une cuisine.

Plus loin encore, suivaient les cadavres étalés sur les trottoirs dans d'affreuses postures, isolés, inconscients, la tête dans leur vomi, et les blessés encore debout, mais titubants et désorientés.

En serre-file, comme les mouettes à l'arrière d'un chalutier à la dérive, se pressaient les profiteurs de toutes sortes, mendiants flairant la compagnie, détrousseurs à la recherche d'une proie isolée, pilleurs de cadavres, vendeurs de rêves en poudre et spéculateurs en tous genres, tout un cortège de va-nu-pieds refluant vers les derniers bastions éclairés, et fuyant l'implacable avancée de la nuit qui, un à un, les happait et les engloutissait pour ne laisser finalement derrière elle, une fois l'aube venue, qu'un champ de bataille silencieux : fatras de canettes vides abandonnées sur les trottoirs, caniveaux charriant des torrents de mégots, bouteilles cassées, portefeuilles perdus, pigeons charognards dévorant des restes de sandwichs, boulevards jalonnés de poubelles éventrées et putrides. Je naviguais dans ce torrent alcoolisé en marin expérimenté, cabotant le long des boulevards, flairant les vents favorables, humant les courants porteurs, sachant lever les voiles au bon moment, et les abattre devant les bons ports, évitant les tempêtes, et voguant, d'amitié en amitié et de verre en verre, jusqu'au rideau final – celui, de fer, qui, fatalement, finissait par descendre en claquant sur la dernière lumière du dernier bar.

Il m'arrivait de lier connaissance avec des inconnus et de partager avec eux quelques-unes de ces discussions nocturnes où, assis sur le banc d'un boulevard désert, chacun se fait philosophe en échangeant des mégots et des bourrades émues. Je me perdais dans des rencontres dont il était parfois difficile de se libérer, le dernier carré ressemblant hélas moins souvent à celui de la garde impériale qu'à celui de l'armée du salut. Des clochards me racontaient leur vie, des esseulés, des souffrants, des écœurés me soufflaient à l'oreille leur haleine chargée d'aigreur tandis que des tranche-montagnes, encouragés par l'eau-de-vie, stimulés par mon silence, brodaient à mon intention des bobards si gros qu'ils finissaient par s'y prendre les pieds.

La fatigue m'accablait. Je me faisais oublier, prétextais une envie pressante, prenais peu à peu le large. Les chants des noctambules s'estompaient. La lente remontée des boulevards m'offrait le spectacle des fermetures réglementaires : musiques et lumières s'éteignant une à une, bruits de chaises qu'on empile, portes closes, serveuses aux pieds nus, aux maquillages défaits, se hélant dans les ténèbres en regardant avec mépris s'en aller dans la nuit ma silhouette d'ivrogne.

L'alcool commençait à descendre en moi et je savourais cette double détente qui m'avait propulsé de mon appartement au bar, puis du bar aux dédales des ruelles silencieuses, heureux de retrouver enfin mon univers : cette eau sombre, noire, froide, qui est celle dans laquelle je préfère nager.

Minuit et demi : l'heure où l'ivrogne s'abat sur son lit, et où les plus raisonnables, endormis depuis longtemps, se retournent en ronflant sur le leur.

Minuit et demi, l'heure où pour moi commençait une longue errance. À Paris, de retour de mon service aux armées (j'avais vaguement tenté de reprendre des études pour faire plaisir à mon père), je descendais chaque soir en titubant du côté du Faubourg

Saint-Denis, ces Champs-Élysées du pauvre avec, en guise d'Arc de triomphe, la vieille porte ouvrant sur le ruisseau tortueux et noir de la rue du même nom. Je me souviens très bien de la première fois qu'au niveau du 63, un peu dépité, résolu à rentrer chez moi, j'avais tourné le coin de la rue Blondel – cinquante petits mètres d'obscurité totale, odeur d'urine et de vieilles briques, qui étranglaient à leurs bouts les lumières embrouillées du boulevard de Sébastopol. Je me souviens de son silence, contrastant tout à coup avec l'agitation des autres rues. De son petit pavé mal éclairé, désert, bordé d'ombres impénétrables.

Je m'étais avancé, insouciant, ne sortant de ma torpeur qu'à mi-chemin quand, pris d'un étrange pressentiment, il m'avait semblé déceler dans l'ombre la présence d'une assemblée invisible et diffuse, que le bruit de mes pas avait interrompue dans un conciliabule secret. Trop tard ! Les murs avaient des yeux, et les bouches noires des portes cochères ressemblaient à ces culs-de-four au fond desquels se nichent, à l'entrée des églises, des madones aux regards de pierre. Alors, à intervalles réguliers, confondues avec le mur dont elles ne se décollaient qu'au dernier moment pour faire tomber sur leurs visages blafards un rayon de lune (l'art de prendre la lumière, comme disent les actrices), haut perchées sur leurs bottes comme des autruches pleines de fourrure, des femmes étaient apparues sur le chemin, immobiles, disponibles, chuchotantes, les yeux cernés de bleu nuit et les lèvres fardées de rouge ardent.

J'avais, je l'ai dit, connu des filles à D…, jusqu'à y perdre mon pucelage, mais ces filles qui étaient des prostituées ne se présentaient pas comme telles, ne se conformaient pas en tout cas à l'image que je m'en étais faite. Une ville de garnison à 5 000 km de la métropole n'est pas le IIe arrondissement de Paris. J'avais vécu dans un monde où les grues avaient appris à jouer la comédie de l'amour, à épargner à leurs partenaires la honte ou la peur d'être considérés comme des clients, la maladresse du choix, le silence de ceux qui n'ont rien à se dire, la gêne, enfin, de suivre aux yeux de tous, sur le pavé parisien, par un froid coupant ou une bruine morose, une paire de talons vous précédant dans un escalier ou l'appel d'une voix enrouée d'alcool vous appelant chéri.

Rue Blondel, par les soirs de demi-brume, je devais affronter tout à coup une réalité sans fard, dans laquelle je ne retrouvais rien du sentiment de joyeuse insouciance qui enveloppait mes expériences passées d'une lumière de paradis. J'étais redevenu un anonyme, tournant, comme tant d'autres, à l'embouchure de quelque rue sordide en ruminant ma mauvaise conscience, ma même peur d'être deviné, ma même réticence à gaspiller quelques billets contre une étreinte gâchée d'avance. C'était descendre une marche supplémentaire dans l'escalier de l'avilissement.

Depuis toutes ces années, je ne suis jamais retourné rue Blondel. J'ignore si la forme de prostitution qui s'y pratiquait alors subsiste encore aujourd'hui. À l'époque, elle n'était déjà plus qu'un folklore, le vestige d'une époque révolue. Le commerce du désir s'est déplacé vers les périphéries, dans des voitures garées au bord des routes où, à la va-vite, une Africaine ou une Slave, sous la férule de marchands de chair humaine, soulagent de pauvres affamés en guettant dans le rétroviseur l'arrivée des gyrophares. L'avenir des « traditionnelles » de la rue Blondel me semble condamné et les dames du quartier Saint-Denis, ces grasses quinquagénaires faisant la retape en bas de chez elles en cuissardes et grosses fourrures, ne se rencontreront bientôt plus que dans les livres de souvenirs. L'âme de la rue s'éteindra quand la dernière d'entre elles ira remiser au mont-de-piété sa fourrure et ses collants râpés.

Ayant relu il y a peu, à quelque temps d'intervalle, plusieurs livres contenant des scènes de visite à des prostituées, j'ai été étonné de constater leur grande similarité. Mêmes « jambes flageolantes » du narrateur à l'approche « des femmes qui piétin[ai]ent dans l'ombre », même « émotion collégienne » en montant les « sombres escaliers [...] qui mènent à l'épanouissement du monde », même appréhension, même gêne, même petite chambre sordide dont on sort « la tête basse, en jurant de ne plus y retourner ». Le voyage du trottoir à l'étage est une épreuve universelle que les jeunes gens de toutes les époques ont traversée en tremblant. Malgré les années, il m'arrive encore d'être saisi d'une panique irrationnelle à l'approche d'un lieu de prostitution, et si, au détour d'un coin de rue, à Barcelone ou Hanovre, apparaît tout à coup devant moi – enfoncées dans l'ombre, figées dans une attente silencieuse – un alignement de femmes que je n'attendais pas, alors c'est le souvenir de mon premier passage rue Blondel qui tout à coup renaît en moi, intact, et me propulse quinze ans en arrière, avec mes peurs et mes hésitations – mon émerveillement aussi – de jeune garçon intimidé s'apprêtant à profaner toutes les mères.

Un soir, j'avais osé lever mon regard vers les leurs, puis, marquant le pas, d'un léger fléchissement de la foulée, d'un arrêt que je voulais imprévu mais que je méditais depuis des heures, attendant qu'elles m'adressent la parole et ne sachant ce que je devais leur dire ou leur demander, quels mots employer, essayant de garder contenance malgré mon cœur qui battait et mes jambes qui se dérobaient de peur, j'avais osé, d'une voix blanche, répondre à leurs bonjours.

Celle qui s'était approchée de moi se faisait appeler Ninou. Elle était plutôt laide, vieille et enrobée ; portait de longues cuissardes à escarpins en similicuir, une jupe de skaï rose et un manteau de fourrure blanc, hirsute, qui la faisait ressembler à un gros chat angora. En s'habituant à l'obscurité, mes yeux avaient remarqué d'autres regards glissant dans l'ombre, d'autres chats silencieux, plus attirants, m'adressant des œillades, prêts à me dévorer, et vers lesquels j'avais aussitôt regretté de n'avoir pas porté mon choix. Mais comment était-on censé faire un choix dans ce genre de situation ? Devait-on s'arrêter au milieu de la rue ? Toiser une à une les femmes en carte, les inspecter comme des chevaux dans l'écurie, leur demander d'exhiber leurs dents, leurs fesses ? Repousser celles qui nous accostaient et accoster celles qui se tenaient en retrait ? C'était trop et, comme un enfant devant un paquet de bonbons, j'avais plongé la main au plus voyant, au plus exubérant, au papillon qui se faisait voir de loin. Ninou donc, avec sa fourrure phosphorescente… je crois que d'une voix étranglée, serrant dans mes poches mes deux billets de 20 euros, je lui avais demandé maladroitement le « tarif ». « 50 », avait-elle répondu, puis voyant ma mine déconfite, elle avait ajouté d'une voix gouailleuse, très Arletty : « Allez, pour toi, ce sera 40, mon chéri. En plus je me les caille ici. T'en fais une tête, t'as bu ? Ramène-toi, j'habite derrière. » De fait, elle habitait exactement l'immeuble au pied duquel elle faisait le trottoir. Il n'y avait qu'à pousser la porte. Dans le hall, le chien de la concierge, un pékinois sclérosé, au pelage dévoré par la gale, nous avait suivis dans les escaliers à colimaçon d'un bois grinçant. Il n'était plus temps de faire demi-tour. J'avais suivi l'énorme silhouette et le petit chien qu'elle avait pris sous son bras en lui murmurant des mots d'amour pas moins mécaniques que ceux que je m'apprêtais à recevoir : « Alors, le minou-minou, c'est le minou à sa maman. » Au troisième étage elle avait trébuché en poussant un « merde » spontané. Puis relevant une jambe, le visage agacé, avait commencé d'inspecter ses bottes dont elle craignait que la semelle ne se fût décollée.

« Elle s'décolle, hein, dis, t'arrives pas à voir, toi, par-dessous si elle se décolle ? » Je jetai sans conviction un coup d'œil à la chaussure usée par les trottoirs, au cuir élimé et craquelé, m'avisant tout à coup, dans la lumière crue du palier, que les vêtements de Ninou, qui portaient si beau dans le noir, n'étaient en réalité que des nippes bon marché, un déguisement usé jusqu'à la moelle : la fourrure était flétrie, le haut effiloché, la jupe rose piquée de cendre. Et le visage, le visage de Ninou – au maquillage luisant, coulant par endroits –, un visage plâtré de poudre blanche, comme celui d'une artiste de music-hall. Je lui donnais 50 ans minimum. Au quatrième étage de cet immeuble défraîchi et grinçant, d'un air de vieux Paris, entièrement habité par l'économie souterraine, elle m'introduisit dans une pièce carrée, minuscule, surchauffée, prolongée d'un appendice obscur où se devinaient les formes d'un petit évier, d'un bidet et d'un WC douteux. La plus grande partie de la pièce était occupée par un grand lit surélevé, couvert d'un édredon rouge. Immédiatement à droite de l'entrée, une simple chaise de bois, comme un Van Gogh, servait de réceptacle aux vêtements des clients. Près du matelas, la table de chevet était occupée par une petite lampe à pied sur laquelle Ninou s'empressa de jeter un tissu rouge – procédé qui avait l'avantage de colorer la pièce d'une ambiance plus intime, plus chaleureuse, et de signaler à travers la fenêtre éclairée, à ceux qui étaient restés en bas, que la chambre était occupée (ce qui élucida tout à coup pourquoi une partie des habitués traversaient la rue en portant leurs regards tantôt aux trottoirs, tantôt vers les fenêtres des étages, dont les couleurs les informaient de la disponibilité de celles qu'ils cherchaient).

« D'abord l'argent, mon chéri », m'avait dit Ninou tandis que je déboutonnais maladroitement ma chemise. « Ça t'embête si je ne tire pas mes bottes ? J'ai mal aux pieds ce soir. Il fait froid, mes jambes ont gonflé. » Elle avait enlevé son attirail, une culotte énorme et noire qui découvrait, par-dessous la jupe remontée au-dessus des hanches, un collant craqué à l'entrejambe, une touffe broussailleuse et une vulve fleurie, en escalope. Elle s'était allongée sur l'édredon, un coussin sous la nuque, les genoux repliés et écartés, les cuisses gelées par une longue station sur le trottoir hivernal. Au pied de la lampe de chevet rouge, étaient disposés une demi-douzaine de crèmes et de pots en tout genre, de poudriers, de lubrifiants, de lingettes, de corbeilles pleines de préservatifs, et une boîte soigneusement fermée dans laquelle elle avait glissé mes 40 euros. Un tube en main, elle se badigeonna de lubrifiant comme on graisse un plat à tarte, en me parlant de la pluie et du beau temps. J'étais nu, démuni et frêle face à cette montagne de chair gouailleuse qu'il me semblait devoir littéralement escalader. Je notai aussi pour la première fois l'odeur si caractéristique des chambres de passe qui ne devait plus me quitter ; mélange de transpiration, de lubrifiant et de parfum bon marché. Elle avait lancé sans que je ne m'en aperçusse un disque en sourdine – un genre de chanson italienne pour pizzérias. « On y va, mon chéri ? »

D'abord le nettoyage à l'eau froide, près de l'évier, avec lingettes et gant de toilette. Et puis monter sur le matelas. Ne rien ressentir d'autre que l'embarras et le grotesque de la situation. Penser cependant à ces 40 euros, à ces longues heures d'hésitation et d'attente, et fermer les yeux en tâchant de se concentrer sur la trace d'un plaisir, même infime. Le visage de

Ninou demeurait impassible. Je sentais ses dents. Au bout de quelques minutes, elle me sermonna comme une mère, en me regardant dans les yeux : « T'as bu, hein ? T'as bu avant de venir, c'est pour ça ? Faut pas boire, mon chéri, ça rend le travail plus difficile. » Après s'être dégagée de mes jambes et m'avoir fait asseoir au bord du lit, elle avait débité à mon intention, d'une voix machinale et monocorde, des encouragements obscènes qui avaient pour objectif de m'aider à me satisfaire moi-même. Je ne pensais plus qu'à partir, qu'à expédier poliment ce simulacre gênant auquel je me pliais cependant, en garçon bien élevé. Ayant obtenu un semblant de réaction, elle se remit en position sur le dos, en étoile de mer, et je compris qu'elle voulait que je la pénètre, comme la prestation l'exigeait, par crainte peut-être que ma défaillance ne me donnât l'idée de réclamer mon argent. Elle avait sorti de son corsage – par encouragement ou sens du commerce – ses deux seins énormes et pendants, bien chauds, moelleux et collants comme une pâte à pétrir. De sa main, elle précipita mon sexe dans le sien, fourreau brûlant et visqueux. Je n'avais jamais été si peu excité et, pour en finir au plus vite, enclenchai une course-poursuite contre mon désir. Ninou fixait l'horloge au mur, avec un regard vide de chat écrasé. Au bout de cinq minutes laborieuses, comme on s'arrache une dent, j'étais parvenu à la plus petite jouissance possible. Aussitôt Ninou m'avait donné une feuille de Sopalin pour enlever la capote qu'elle m'invita ensuite à jeter dans une corbeille. Après cela, reprenant ses élucubrations sur la météo et les Arabes, elle s'était passé un gant de toilette entre les jambes et avait enfilé sa culotte par-dessus ses jarretelles et ses cuissardes.

Je me dépêchai de me rhabiller pour ne pas la faire attendre et quelques secondes plus tard, ayant dévalé les escaliers sans demander mon reste, une grande porte de bois m'avait rejeté à la rue – dont j'avais déguerpi le plus vite possible en me jurant de ne plus y remettre les pieds, ainsi que le veut la tradition. Mais que valent vraiment les promesses que l'on se fait à soi-même ?

Pendant plusieurs mois, j'avais continué de fréquenter la rue Blondel sans renouveler l'expérience. J'avais gagné en assurance : le visage levé, le pas moins fébrile, j'avançais lentement en cherchant parmi les visages qui se présentaient à moi un plus jeune qui serait à mon goût. Hélas, ne rencontrant que celui de vieilles gloires que j'admirais sans désirer, je m'asseyais à la terrasse d'un caboulot au coin de la rue, d'où il était possible d'observer avec une curiosité malsaine le manège des hommes hésitants et des filles publiques. Je reconnaissais les habitués à ce qu'ils allaient sans gêne droit à leurs favorites, prenaient le temps de faire un brin de conversation avec elles avant ou après être montés. Les novices barguignaient au contraire pendant des heures, faisaient des tours et des détours compliqués, d'un air traqué, passant tantôt à un bout de la rue tantôt à l'autre, feignant de regarder l'heure pour guigner discrètement les alentours par-dessus le cadran, avant de s'engouffrer d'un pas peu sûr dans la nuit de la rue Blondel. Je pesais, à cette école de la vie, l'énorme misère des êtres.

Il m'est arrivé, au hasard d'une promenade, de sentir l'approche d'une zone de prostitution uniquement à l'observation de ces rondes d'hommes seuls en conversation avec eux-mêmes, à la reconnaissance subite de ces regards abaissés et fuyants, de ces ralentissements d'une jambe à l'autre, de ces regards inquiets jetés à la montre ou à la rue ; à la venue enfin d'une famille qui les faisait tout à coup se rencogner dans un coin plus sombre. J'apprendrai plus tard à repérer le silence qui tombe, les préservatifs usagés, les mouchoirs abandonnés dans les buissons, les parkings… Combien d'heures ai-je passées sur ce banc du boulevard Sébastopol à m'imprégner de l'esprit des lieux ? À noter les allées et venues des policiers, à attendre que l'obscurité soit complète et que l'heure tourne ? Combien de kilomètres parcourus dans le petit rectangle que formait le boulevard avec la rue de Tracy, la rue Sainte-Apolline, et celle de Saint-Denis ?

Prostitution signifie avant tout pour moi : longues heures d'attente, longues marches haletantes, débat de ma conscience avec elle-même, boyaux tordus par l'attraction, la fascination et le dégoût. Fuite éperdue devant l'événement déjà admis.

Longtemps je n'allais rien demander d'autre à la vie que de me permettre d'errer pour toujours dans ce pays de brume et de tendresse, à mi-chemin entre la perdition et la grâce.

Nuit

Parmi les meilleurs souvenirs que je garde des premiers mois de mon service militaire, figure, en bonne position, la multitude des exercices nocturnes qui nous jetaient par de belles nuits d'automne au milieu des grandes forêts ardennaises.

Ces longues marches à la belle étoile, avec sac sur le dos et fusil autour du cou, étaient pour moi l'occasion d'échappées champêtres qui me ravissaient.

Crapahuter au milieu des bois, dans une obscurité et un silence complets, avec pour seule clarté cette petite lampe rouge que nous portions au front (et que nous n'étions autorisés à allumer que pour faire le point ou dresser un campement), me procurait une sorte de joie animale, d'allégresse sauvage. Tantôt il s'agissait de ce que nous appelions « des marches sangliers » – consistant à suivre un cap à la boussole sans en dévier – qui impliquaient de passer tout droit à travers champs, fourrés et rivières sans se soucier des chemins préexistants. Tantôt il s'agissait de longer des routes avec ordre de nous cacher dans les fossés à chaque automobiliste croisant notre chemin, tous phares allumés.

J'ignore ce qui me plaisait tant dans ces expéditions nocturnes : était-ce le sentiment de liberté qu'offrait le couvert de l'obscurité dans laquelle les chefs ne pouvaient plus toujours nous contrôler ? (Je me souviens d'une nuit où nous nous étions introduits par effraction, avec trois de mes camarades, dans une ferme pour dormir quelques heures dans une grange avant de rejoindre, l'air de rien, à l'aube et en stop, le point de rendez-vous.) Était-ce le plaisir de randonner en pleine nature, qui me rappelait celui des colonies de vacances ? La fraîcheur de la nuit, la beauté de la nature et du ciel ? La joie enfantine de jouer à cache-cache dans les buissons, d'épier entre deux brins d'herbe une voiture qui ne nous avait pas vus ?

Depuis dix ans, les souliers de ville ont remplacé les godillots et les immeubles en béton les arbres des forêts, mais je ne me suis jamais départi de l'habitude contractée sous l'uniforme de me promener la nuit. Ce que je préfère dans les grandes villes, c'est la métamorphose qui s'opère sur le paysage lorsque l'obscurité l'envahit. Il m'arrive souvent de ne plus reconnaître à minuit une rue que j'ai pourtant longuement parcourue à midi, ou encore, de ne pas parvenir à retrouver, une fois le jour venu, une petite place, une petite ruelle, qui m'avaient tant frappé aux heures nocturnes. Tout se passe comme si une nouvelle géographie, une nouvelle ville, naissait au crépuscule et disparaissait à l'aube, comme le fantôme d'une cité engloutie. Un monde nouveau dans lequel les squares sont semblables à des forêts, les esplanades à des déserts, les avenues à des vallées et les chaussées à de grands fleuves argentés.

J'aime avancer, tremblant, entre les grilles des magasins fermés, en jouant à me faire peur. Tantôt, c'est une voiture qui passe au loin, fendant la nuit comme un navire fantôme et qui me fait sursauter. Tantôt c'est une silhouette furtive, titubante, qui se révèle au dernier moment et me fait changer de trottoir. Et si, au milieu des façades charbonneuses, le rectangle d'une fenêtre s'éclaire, esseulé, tout jaune, je me prends à essayer de deviner – cauchemar ou rêve ? – ce qui interdit à l'insomniaque de trouver sommeil.

Ces petits plaisirs de rôdeur ont pris le dessus en moi sur ceux de la simple promenade. Les bizarreries de la nuit, les déformations effrayantes qu'elle opère sur les objets et les silhouettes du quotidien, sont devenues un écran commode sur lequel projeter mes angoisses et mes rêveries. Pour moi, errer la nuit, c'est accomplir le rêve de tous les rêveurs : déambuler dans un songe éveillé, en gardant sa liberté d'agir et le contrôle de son corps, faire le tour de ses monstres et regarder ses rêves dans les yeux, sans risquer, à chaque instant, d'être tiré du sommeil par un sursaut inattendu.

Je chéris la lune rousse qui jette sur tout ce qui l'entoure une lumière bleutée, en créant dans les frondaisons des arbres et les accidents du terrain des formes indécises. Cette colline, livrée en pâture à l'imagination, est un ogre prêt à vous avaler. Cette poubelle près d'un banc, une silhouette d'homme énigmatique, menaçante, qui s'évapore dès qu'on s'en approche. Ces rangées de troncs coulissants vous épient et semblent mystérieusement vous suivre. Et ces globes de lampadaires qui dérivent, blafards, sur l'étendue noire du gazon, ne sont-ils pas des astres morts ? Magie de la nuit, dans laquelle le monde cesse enfin de porter un démenti à nos rêves !

Souvent, sous le couvert des arbres, bien enfoui dans l'ombre, il m'arrivait de ruminer quelque décision importante, de reprendre confiance en des desseins abandonnés depuis longtemps. Je me sentais tout à coup plein d'énergie et d'avenir, prêt à renaître. Les difficultés, qui prenaient l'allure de montagne en plein jour, s'estompaient et se diluaient à la faveur de l'obscurité. Les obstacles qui s'opposaient à mes ambitions diurnes ne me paraissaient plus que de mauvais et lointains souvenirs. Je prenais des résolutions fermes, signais des contrats avec moi-même et rejoignais mon lit plein d'enthousiasme, impatient de voir se lever le jour.

Dans ces moments-là je ne dormais pas longtemps et la sonnerie du réveil me trouvait un peu étourdi au fond de mon lit, l'esprit encombré d'un pressentiment étrange. Avais-je seulement rêvé ? Je me dressais sur mon coussin, jetais un œil au plancher : mes chaussures étaient là, posées côte à côte, un peu de boue sèche dépassant des semelles. Sur la patère, mon vieux manteau noir pendait comme à l'ordinaire, sans que je puisse dire si la laine élimée l'était de la dernière nuit. Je me levais, interrogeais mes jambes, cherchant quelque courbature que je ne trouvais pas. Je m'approchais de la fenêtre, inquiet, plongeais mon regard en contrebas, secouant la tête : dans la rue, la vie ordinaire reprenait son cours, les enfants s'en allaient à l'école, les magasins ouvraient leurs portes et je ne reconnaissais rien dans cette ville qui eût quelque rapport avec celle que je doutais tout à coup d'avoir visitée la veille. Avais-je été victime d'une hallucination ? Dans le miroir, je reconnaissais le visage poché qu'était devenu le mien et me rappelais vaguement la promesse que je m'étais faite la veille de terminer l'écriture du fameux ouvrage que je promettais à tout le monde depuis dix ans. Je regardais ma montre : 9 h 30. « Dégoût du travail commencé, dédain de l'ouvrage terminé. » Quelques feuilles blanches gisaient sans ordre sur mon bureau à l'endroit où je les avais écartées pour faire place à un fouillis de vieux verres, de blagues à tabac et de photos de Nathalie. « Bah, pensais-je tristement, il sera encore temps de commencer demain. »

J'aime ces vers de Baudelaire :

En rouvrant mes yeux pleins de flamme
J'ai vu l'horreur de mon taudis,
Et senti, rentrant dans mon âme,
La pointe des soucis maudits ;
La pendule aux accents funèbres
Sonnait brutalement midi,
Et le ciel versait des ténèbres
Sur le triste monde engourdi.

L'ombre et la lumière

Plus j'examine la photo de la jeune Arabe étendant une main sur ma cuisse, plus je crois me souvenir de l'endroit où elle a été capturée. À D…, comme un règlement imposait aux établissements de fermer leurs portes à une heure du matin, toute la faune nocturne avait l'habitude de se réfugier devant le bar à cocktails de l'hôtel K…, seul comptoir de la ville épargné par l'interdiction frappant les buvettes. Passé 2 heures, une noria de taxis défilait devant la façade décatie du vieux palace et, à la lueur de leurs phares, on voyait se découper les ombres des buveurs affluant des quatre coins de la nuit comme par l'effet d'une migration spontanée, semblable à celle des pingouins sur la banquise, quand ils souhaitent se tenir chaud. Je me souviens que l'entrée se faisait par un petit escalier qui descendait au sous-sol. Au fond d'une espèce de cave sans soupirail, des montagnes de bouteilles de toutes les couleurs s'étageaient derrière un serveur en blanc de cérémonie. Des tables rondes couvertes de paquets de cigarettes déchiquetés, de verres à moitié vides, de rondelles de citron engluées étaient disséminées sans ordre sur un plancher poisseux. Avachies sur des banquettes pleines de cendres, des formes humaines noyées dans l'obscurité et les nuages de fumée semblaient écrasées par les hurlements d'une musique trop forte. Oublier, ne pas dormir, repousser l'aube. Tels étaient les mots d'ordre gravés au fronton de ce temple nocturne.

Le temps a passé. Les années ont effacé les visages, familiers ou inconnus, que j'ai vus tant de fois s'agglutiner sous cette lumière rougeâtre, dans la cale de ce navire qui s'en allait fendre la nuit. Bredouilles en centre-ville, pressées par l'aube, sommées de rembourser le taxi qui avait bien voulu les conduire, les filles tentaient de prendre dans leurs filets les proies qu'elles repéraient au milieu de la piste de danse. Je n'épancherai pas ici le catalogue monotone de mes étreintes – pas seulement par ma propre volonté d'ailleurs, mais aussi parce que depuis longtemps cette période de ma vie s'est enfoncée dans une sorte de flou mémoriel, de brouillard éthylique, d'où ne remontent plus, çà et là, que quelques bribes distordues par l'alcool.

À cette époque, le corps nu de la femme qui m'attendait abandonné au bord d'un lit restait essentiellement pour moi l'abordage d'un rivage sur lequel un naufragé échouerait après des kilomètres de brume et de mer. Mes étreintes avaient le mouvement d'un rêve. Comme les songes, il m'arrivait au réveil de les oublier aussitôt. Et si je me souvenais d'elles, c'était comme d'événements appartenant à une vie parallèle dont je n'aurais été l'acteur que par l'effet d'un dédoublement inexplicable.

Un souvenir du K... : deux filles attablées en retrait, qui m'observent en souriant, une nuit, vers 5 heures – les lumières étaient sur le point de se rallumer et la police militaire se déployait sur le parking. Avaient-elles repéré ma maladresse ? Ma jeunesse ? J'étais en proie à l'une de ces ivresses de l'aube dans laquelle le nombre de verres ne compte plus, sorte d'état second de l'insomniaque qui s'entête à ne pas dormir, et qui tient autant à l'épuisement qu'à l'alcool. Comme je m'approchais d'elles, les lumières s'étaient soudainement allumées et un mouvement de foule avait éclaté. Dans la confusion – je me souviens seulement des coups de sifflet et des matraques levées s'abattant au-dessus des têtes –, elles m'avaient saisi chacune par une épaule et m'avaient entraîné par une porte dérobée. Une minute plus tard, j'étais sur la banquette arrière d'un taxi, serré entre les deux étrangères, roulant vers une destination inconnue...

La ville dormait encore, le muezzin était muet, et la température n'avait pas baissé d'un degré. Des chèvres errantes nous obligeaient à des détours fastidieux. Une chaleur de bonté humaine émanait des seins gonflés de mes sauveuses, de leurs longues cuisses à demi dévêtues et du contact de leurs peaux avec la mienne.

Je me souviens que l'œil du chauffeur dans le rétroviseur, détaillant ce joli tas de viande (chaque nid-de-poule faisait se confondre un peu plus les poids de nos trois corps somnolents), affichait le même air de réprobation que celui du guichetier de l'hôtel miteux où il nous déposa un peu plus tard. Nous n'y fîmes pourtant pas réellement l'amour et je ne m'en fâchai pas. La chambre était composée d'un simple matelas par terre et d'un ventilateur à pales tournant au plafond. La moins belle avait prétexté une indisposition. J'avais pénétré quelques minutes son amie. Elle avait gémi un peu, mais nous étions si exténués que je n'ai pas souvenir d'être allé jusqu'au bout. Je m'étais simplement étendu entre ces deux corps nus et tous trois nous étions endormis sans un mot, en chien de fusil. Dans ces moments-là, je me rendais compte que j'aspirais moins à m'abandonner au plaisir violent de la possession qu'à celui, plus diffus et plus tendre, de serrer contre moi un corps humain dont la chaleur me consolerait, le temps d'une nuit, de la solitude qui me mordait le cœur.

Je m'étais éveillé quelques heures plus tard, juste avant le lever du soleil, dans le bleu émouvant de l'aube (je suis de ces personnes à qui l'alcool n'offre pas la consolation d'un repos très long). Après avoir erré dans tous les recoins de l'hôtel à la recherche de latrines – je n'avais trouvé que ces infâmes trous des pays musulmans, avec leurs seaux d'eau trouble et leurs cafards –, je m'étais arrêté au seuil de la chambre, saisi par la chaleur épouvantable qui en émanait – celle de la nuit, celle de nos corps suants d'alcool, des draps trempés – et par la vision de ces deux silhouettes inconnues, endormies l'une à côté de l'autre, dans la pénombre, comme deux petites choses échouées dont je ne connaissais pas même les noms.

Alors soudainement, et pour la première fois, j'avais éprouvé un sentiment très net de dégoût pour moi-même, comme lorsqu'on se réveille, en sursaut, au milieu d'un cauchemar. Je m'étais vu un instant tel que j'étais : hirsute, fiévreux, m'enfonçant délibérément dans la nuit avec cette volonté de me couvrir de boue, comme une bête s'enfouissant dans la souille pour y devenir méconnaissable. Mais de là, très nettement également, j'avais vu se lever un autre désir, aussi puissant que le premier : celui de remonter le fleuve tourbeux jusqu'aux eaux claires de la pureté, de m'élever – du fond de la cale sombre où je m'étais enfoui – à la lumière que je voyais filtrer entre les claires-voies de la toiture.

Qui n'a connu ce tiraillement entre la lumière et l'ombre ? Entre la révolte et la rédemption, le renoncement et l'espoir, l'avilissement et la grâce – ce qui en nous n'a pas encore renoncé à la beauté, et ce qui, par déception, ne pense plus qu'à l'outrager ?

Je n'avais fort heureusement pas eu le temps de pousser plus avant l'étude de cet épineux dilemme : ma bourse vide m'interdisait rigoureusement de payer ce que les filles m'auraient réclamé au réveil. Alors, j'avais tourné les talons en prenant soin de ne pas faire grincer le parquet et, en caleçon, le pantalon à la main, avais quitté l'hôtel par une porte dérobée.

Nathalie II

Paris. En haut de la rue du Jourdain, l'église Saint-Jean-Baptiste n'a pas changé. En bas, autour de la place Henri-Malberg, le même petit serveur trapu, aux cheveux grisonnants, arpente la salle du même petit bistrot à devanture rouge où le soir, Nathalie et moi allions jadis manger des croque-monsieur en regardant passer la foule. Je me souviens qu'à l'automne, un tapis de fanes desséchées recouvrait les trottoirs du quartier et que l'eau des pluies ruisselait de caniveau en caniveau jusqu'à former de petits ruisseaux dévalant vers les halles. En été, les allées de sophoras se couvraient de minuscules grappes blanc crème à l'odeur de miel.

Au niveau du numéro 306, l'immeuble semblait désert. Est-ce que la concierge avait été remplacée ? Je me suis écarté sur le trottoir pour mieux détailler la façade. Tout en haut, luisante de soleil, j'ai reconnu la minuscule lucarne sous le toit par laquelle Nathalie avait l'habitude de guetter mon arrivée.

Dans une autre vie, je monterais les escaliers et Nathalie m'ouvrirait la porte dans son tablier vert bordé de blanc. Je dresserais la table en lui racontant ma journée. Elle préparerait le dîner en me racontant la sienne. Le chat dormirait sous la fenêtre. De grandes plantes fleuriraient le balcon.

Le soir serait tombé et nous aurions refait le monde.

Nathalie m'aurait demandé « promets-moi que nous partirons un jour vivre près de la mer » et je lui aurais répondu « oui », en souriant. À l'heure du café, sans nous soucier du temps qui passe, nous aurions continué de parler. Dehors, les fenêtres de l'immeuble se seraient d'abord allumées, puis éteintes une à une. Plus tard, j'aurais regardé sa silhouette se découper à travers le rideau de douche. Dans la petite chambre, nous aurions tiré les rideaux et nous serions allongés dans le grand lit où je ne serais pas parvenu à lui faire l'amour. Elle aurait dit « est-ce parce que mes seins sont trop petits ? Veux-tu que j'éteigne la lumière ? ». Seulement, au lieu de lui répondre « tu es parfaite », au lieu de m'enfermer dans le silence, je lui aurais confessé ce que, pendant les six ans de notre histoire, je n'avais pas été capable de lui avouer. Qu'elle était la première femme qui s'était donnée à moi sans que je ne la paye. Que son innocence me paralysait. Que je me faisais l'effet d'une Lady Macbeth ne parvenant pas à laver les taches de sang qu'elle imagine voir sur ses mains. Que serait-il advenu ensuite ? Est-ce que cela aurait changé quelque chose ? N'aurais-je pas souillé et brisé pour toujours l'univers de candeur dans lequel elle vivait et auquel, désespérément, je m'accrochais ?

Comme je ne parvenais pas à la pénétrer, elle s'étendait sur le ventre et je plaquais mon sexe contre ses fesses. Je m'agitais jusqu'à sentir son entrecuisse s'humidifier et s'ouvrir comme une fleur. Elle haletait. Cambrait les reins. Je finissais par jouir sur son dos, en longues saccades blanches. Je me souviens qu'elle tenait à ce moment-là ses cheveux en chignon, dégagés de son cou, pour que je ne les atteigne pas. Je me rappelle surtout que son visage rougissait et que ce rougissement me bouleversait parce que j'avais, de mon côté, depuis longtemps, désappris le sens de ce sentiment enfantin.

J'avais tenté d'étouffer en moi l'être maladif et nocturne qui montrait au monde ses dents. Mais peut-on réellement l'emporter quand, au fond de soi-même, une plante carnivore vous attend, bouche ouverte, prête à vous dévorer à la moindre occasion ? J'étais comme Ulysse, attaché au mât de son bateau, que le chant des sirènes torture. À ceci près que les sirènes chantaient chez nous à travers les murs : quand notre voisine faisait l'amour et que les manifestations de son plaisir se diffusaient jusqu'à notre lit, Nathalie se couvrait la tête d'un coussin pour ne rien entendre tandis que je demeurais allongé sur le dos, sanglé dans mes draps, mimant le sommeil, mais secrètement transporté d'extase.

Par certains soirs de grosse chaleur, il m'arrivait de surprendre derrière les rideaux des garnis qui nous faisaient face, de l'autre côté de la cour, des étreintes volées à l'intimité de quelque couple inattentif. Je me souviens d'un soir où, tardant à aller me coucher (Nathalie l'était déjà), j'avais vu apparaître, derrière un voilage qu'une bise légère agitait, une jeune femme plongée entre les cuisses de son compagnon. J'avais éteint rapidement toutes les lumières et m'étais embusqué derrière un store, l'œil vissé entre deux lamelles. L'immeuble d'en face n'était qu'à quelques mètres, et je pouvais entendre distinctement jusqu'aux soupirs et détailler à loisir, dans le cadre lumineux de leur fenêtre qui se détachait aussi nettement dans la nuit qu'un écran de cinéma dans une salle obscure, les deux silhouettes nues, emmêlées sur le matelas, dans la chaleur de l'été. Au bout d'un temps assez long, j'avais vu l'homme se contracter. La femme s'était relevée vivement et avait couru jusqu'à – ce que je présumais être – la salle de bains. Tout tremblant, j'avais rejoint Nathalie qui sommeillait paisiblement, calme comme une eau dormante, avec cet air d'enfant qui lui était propre. J'étais pour ma part dans un tel état de trouble qu'il m'avait bien fallu une demi-heure avant de retrouver mon calme et que je demeurai longtemps les yeux exorbités dans la nuit, comme si j'avais regardé en face les trois Gorgones.

Ces éclats volés à l'intimité des autres, soustraits à la vie pudique qui nous entourait et à la surface des choses, me rappelaient qu'existait un monde sous-marin que j'avais jadis fréquenté et qui venait maintenant troubler mon repos. Ces piqûres de rappel, ces bourdonnements de moustique qui me harcelaient dans la quiétude de ma nouvelle vie me laissaient présager que tôt ou tard, il finirait par me happer à nouveau. Dès lors, je n'avais plus vécu qu'avec la pénible conviction que je ferais un jour souffrir Nathalie ou que je dépérirais à ses côtés ; et pas une journée ne s'écoulait sans que je ne fusse tout à coup saisi par le sentiment cuisant de ma propre imposture, par l'idée que l'amour ne m'avait été donné que par l'effet d'une erreur, que je ne l'avais mérité d'aucune façon, et qu'il ne tarderait pas, finalement, à m'être bientôt retiré. Comme le héros de Gide qui, pour préserver une jeune aveugle contre la laideur de la création, lui en donne une vision magnifiée, je m'étais donné comme un devoir de protéger Nathalie le plus longtemps possible des atteintes du monde et de sa corruption, et de l'entourer d'un autre, un peu fictif, dans lequel il était permis de rêver à un ciel bleu et de se raconter des histoires d'amour éternel.

Police

J'ai traversé les trois époques : celle de la licence totale et de la prostitution libre, celle du racolage interdit et des filles chassées des centres-ville, celle enfin de la pénalisation du client et des hommes aux regards traqués.

À chaque nouvelle loi anti-prostitution, je devais redoubler de vigilance et adapter mes approches aux nouvelles façons de la police. Je n'abordais jamais un nouvel endroit sans avoir au préalable étudié les rues alentour, observé les habitudes des unes et des autres, repéré les horaires des patrouilles et leurs fréquences, inspecté les voitures garées à la recherche d'un éventuel sous-marin (camionnette de police à vitre sans tain), découvert l'endroit où les filles travaillaient et mesuré leur discrétion.

Je devais cette prudence extrême à une mauvaise expérience qui m'avait valu – au début de ma vie de rôdeur – un petit passage au poste.

Cela se passait du temps du quartier Saint-Denis, quelques mois après ma première expérience rue Blondel.

Un soir que je m'étais assis dans un estaminet en face de la porte Saint-Denis, j'avais vu arriver une à une, comme des étoiles s'allumant dans la nuit, une demi-douzaine de jeunes femmes noires qui, après s'être séparées sans un mot, s'étaient dispersées aux alentours, alternant les marches courtes autour des sorties de métro et les stations discrètes sous les porches sombres. Chacune portait des baskets, un legging noir ou tigré, une sorte de manteau moumoute à capuche assez discret, et une sacoche banane à la ceinture. J'avais observé leur manège un moment, assez vite convaincu qu'elles se livraient à un racolage discret. Je voyais leurs lèvres se mouvoir en frôlant des hommes seuls, qu'elles suivaient quelques mètres en retrait, avant de décrocher. Quand les gyrophares bleus d'une patrouille de police passaient sur le boulevard, elles avaient le réflexe de baisser la tête, de s'engouffrer d'un air pressé dans les escaliers du métro ou à l'abri d'une rue perpendiculaire.

Pendant une semaine, chaque nuit, j'avais observé les va-et-vient des nouvelles venues. Elles arrivaient vers 23 h 30, se mêlant à la foule sortant des restaurants, et s'en allaient sur le coup d'1 h 30-2 heures par des métros différents en faisant mine de ne pas se connaître. Je n'ai jamais su en revanche la façon dont elles arrivaient, probablement à pied, par petits paquets, convergeant par des rues distinctes où quelqu'un devait les avoir discrètement déposées. Elles étaient comme ces fauves qu'on ne voit jamais venir mais dont on aperçoit tout à coup les oreilles émerger des hautes herbes. J'estimais qu'elles devaient avoir entre 20 et 25 ans, originaires d'un pays d'Afrique noire. Je n'arrivais pas en revanche à comprendre où se déroulaient les passes. À plusieurs reprises, j'avais essayé de suivre à distance une des filles entraînant un client appâté dans le dédale des rues perpendiculaires mais j'avais été forcé à chaque fois d'abandonner, de peur d'être repéré, et j'avais fini peu à peu par comprendre que ces trajets labyrinthiques, dans lesquels le client était convié à suivre cent mètres en arrière la jeune femme dans des rues de plus en plus désertes, alternant zones obscures et zones de pleine lumière où il était facile de voir sans être vu, faisant des tours et des détours absurdes entrecoupés de stations immobiles et suspicieuses, avaient précisément pour objectif de semer d'éventuels suiveurs et de repérer les policiers en civil tentés par un flagrant délit. Ce mystère me titillait d'autant plus que le chemin changeait systématiquement et n'était pas le même à l'aller et au retour, si bien que souvent, dépité et revenant de l'endroit d'où j'étais parti, je retrouvais tout à coup la même fille, impassible, déjà debout sur son morceau de trottoir comme si elle n'en était jamais partie. Où donc disparaissaient ces clients que je ne voyais jamais revenir, entraînés dans les profondeurs de la nuit par ces mystérieuses joueuses de flûte, comme les rats du conte des frères Grimm ?

Je ne connaissais qu'un moyen de le savoir et, presque malgré moi, avais entamé ce rapprochement dangereux, fiévreux, qui petit à petit m'entraînait au bord du gouffre. Au plus fort de mon débat intérieur, le ventre dévoré de désir et de peur mêlés, j'étais retombé dans ce jeu infantile qui consiste à remettre au hasard une décision que j'étais incapable de prendre moi-même : « Si je croise dans la demi-heure une voiture immatriculée dans le Calvados… », « si je trouve des tinettes avant 23 h 30 »… Je ne respectais pas toujours ce que le sort avait scellé et m'arrogeais le droit de modifier les règles au dernier moment. Ainsi, m'engageant dans une rue peu fréquentée, je me disais : « Si je croise ici une de ces rôdeuses, le sort en sera jeté », puis, constatant avec stupeur qu'il y en avait une, « si elle m'adresse la parole je serai son homme », puis, voyant qu'elle me souriait et s'apprêtait à ouvrir la bouche, « fuyons, j'ai encore le temps d'en choisir une autre ».

Je jetais des coups d'œil à ma montre, à la fois agacé de me voir incapable de passer à l'action, et heureux de savoir que la torture allait bientôt prendre fin. Comme la cloche au bord d'un ring, j'entendais retentir avec soulagement l'heure du dernier métro, signal du retour, après lequel il n'était plus en mon pouvoir d'asséner des coups, ni de commettre la faute qui m'abattrait soudain sur le tapis. Alors d'un pas sûr, la conscience claire et libérée de la torture de l'indécision, je rentrais à la maison, heureux de remettre à demain ce combat de moi contre moi-même.

Contentement des soirs où, après avoir longtemps tourné et résisté, je m'en allais sans avoir craqué, en gardant dans ma poche mes deux billets de banque et la certitude de pouvoir revenir le lendemain... La satisfaction, la volupté presque, que je prenais à repousser l'échéance pourtant déjà admise ressemblait étrangement, comme dans un miroir anticipé, au plaisir que prend un homme dans l'acte d'aimer : corps tendu vers l'assouvissement d'un désir qu'il s'efforce cependant de retarder le plus possible, pour le faire monter encore.

Un soir, très tard, au plus fort de mon débat intérieur, j'aperçus un peu plus haut deux silhouettes le long d'un mur sombre, et je me dis, avec la fermeté d'un ultimatum : « Je vais remonter la rue d'un air occupé, sans signes d'intérêt, mais si l'une d'entre elles m'aborde en se mettant en travers de ma route... » Je remontai la rue, bientôt les dépassai d'un pas vif, sans déclencher chez elles aucune réaction. Je recommençais à respirer quand une troisième, que je n'avais pas aperçue tout de suite, se détacha de l'ombre et se mit ostensiblement en travers de ma route, à une dizaine de mètres. Il faisait sombre, je ne voyais que cette petite silhouette noire, bien campée sur ses deux jambes, vers laquelle je fonçais inévitablement. Il me semblait que je ne pouvais plus reculer. Je stoppai à un mètre d'elle, comme un homme à qui l'on demande l'heure. Mon cœur battait à tout rompre. « Ça va ? » Je haletais, m'efforçais de ne pas décrocher mes yeux de son visage, comme pour faire abstraction des passants qui me dépassaient de chaque côté et que mon arrêt brutal avait obligés à se détourner. « On y va », « c'est combien ? », « 40. C'est ok, on y va ? », « où ? », elle tourna sur elle-même, indiqua d'un geste du bras une vague direction qui ne disait rien, « il y a un endroit ? », « oui, oui, là-bas. C'est bon, c'est ok ? On y va ? ». Je hochai imperceptiblement la tête, vaincu, me jetant à l'eau et m'en remettant tout entier à l'autorité de cette petite fée à tresses noires. À force de gestes, elle me fit comprendre que je devais la suivre à distance (je le savais déjà), en faisant mine de ne pas la connaître. Je la laissai partir devant, et lui emboîtai le pas, avec le calme d'un homme tout à coup délivré de l'incertitude et qui entre, la tête froide, dans le feu de l'action : vieille attitude du sportif dont le stress s'envole une fois le coup du starter lâché. Je descendis calmement la rue Saint-Denis, les mains dans les poches, sans perdre de vue la silhouette agile de celle avec qui je me sentais maintenant lié par un secret commun, une complicité de saute-ruisseau née tout à coup d'une menace commune (la police) et de la promesse d'une étreinte à venir. J'interrogeai au passage les visages des passants que je croisais, pour me fortifier dans la certitude qu'ils ne se doutaient de rien, qu'il n'était pas écrit sur mon front que je m'apprêtais à me livrer à la honte d'une relation tarifée. La silhouette tourna un coin, j'accélérai le pas pour ne pas la perdre de vue. Elle m'attendait un peu plus loin, s'assurant que je la suivais toujours. Nous fîmes plusieurs détours que je ne cherchai pas à mémoriser, obnubilé que j'étais par la vision de cette jeune fille qui me menait à travers les rues – telle la Béatrice de Dante –, certes pas au paradis, mais au royaume des ombres. Dans la précipitation, je n'avais pas pris le temps de noter son visage qui m'avait néanmoins paru fort joli, mais j'avais maintenant tout le loisir d'admirer son corps, petit et svelte, sa façon de se faufiler entre les voitures, sa démarche rapide et sûre, comme celle d'un oiseau. J'étais détendu, excité par l'interdit. Je me projetais dans la fraîcheur de ce jeune corps que je pourrais bientôt toucher, et sentais battre contre ma cuisse mon long sexe éveillé. Au milieu d'une rue très calme, dans le silence des voitures garées et des fenêtres bourgeoisement éclairées, elle me fit signe à distance de m'arrêter. Je la vis s'approcher d'une porte, en tripatouiller le digicode. Un bruit de serrure magnétique. Elle poussa la porte de tout son poids et son corps disparut dans le mur. Une seconde plus tard, sa tête en ressortit, tournée dans ma direction, puis un bras me faisant signe de la rejoindre rapidement. Je trottinai jusqu'à hauteur du bâtiment, aperçus une porte inexplicablement entrebâillée sur l'antre noir d'un hall et m'y abîmai. Dans l'obscurité la plus complète, je tombai presque dans deux bras qui aussitôt me plaquèrent au mur et me posèrent un doigt sur la bouche. Je fis signe que j'avais compris. Elle s'écarta de moi, sa tête réapparut dans le filet de lumière grisée qui filtrait de la rue, par l'entrebâillement de la porte ouverte. Elle passa la tête à l'extérieur, vérifiant, à gauche et à droite, que personne ne nous avait suivis. Puis ce fut le bruit étouffé du battant se refermant et de nouveau le noir complet. À l'escalier de bois en colimaçon, à l'odeur d'encaustique, aux portes à numéro qui s'étageaient à chaque palier et aux rumeurs des télévisions et des conversations qui s'en échappaient, je compris que nous étions dans un immeuble habité, comme il y en a des milliers à Paris, et dont elle avait dû subtiliser le code. Son visage se détacha à nouveau de l'obscurité, dans le halo bleuté d'un écran de téléphone. Elle m'implorait avec ses mains de faire le moins de bruit possible, puis, d'un doigt verticalement agité, m'enjoignait de la suivre dans les étages. Pouvait-elle apercevoir dans le noir mes hochements de tête ? J'admirais son cran, et la suivis dans les escaliers, à pas de loup, degré par degré. À l'abord de chaque palier, nous nous arrêtions un instant, attentifs à l'activité de ses habitants, pesant le risque que le grincement du plancher sur notre passage nous eût fait repérer. Sur la pointe des pieds, comme deux cancres passant devant le bureau du proviseur, nous laissions derrière nous les familles digérant devant la télévision, les pères lisant les journaux, les mères affairées à la vaisselle. J'avais deviné depuis longtemps la destination de notre discrète ascension : le dernier étage était celui où la probabilité de croiser du monde était la plus limitée. Dans l'ultime virage du colimaçon, ma guide s'arrêta, me fit signe de m'asseoir sur une marche, de baisser mon pantalon. J'avais presque oublié que l'on devait toujours donner l'argent avant de commencer et je mis du temps à comprendre ce que ses gestes me réclamaient. Enfin elle glissa les deux billets dans sa sacoche et, après m'avoir fait confirmer par signes que tout était « ok », elle éteignit définitivement sa lumière. Je bandais. Le pantalon déboutonné, le caleçon ramené sous les testicules, je m'allongeai comme je pus sur les marches, m'efforçant de trouver une position commode, à la fois confortable et propice à une fuite rapide. Sur la marche du dessous, ma camarade s'était accroupie à côté de mes jambes. Elle avait sorti de sa banane un préservatif dont j'entendis l'emballage se déchirer. Elle le mit entre ses lèvres, comme un gant retourné, et me l'enfila sans les mains. Immédiatement, je sentis la chaleur, le piment de sa bouche, tandis que les cent tresses abondantes de ses cheveux tombaient tout à coup dans mon entrejambe. J'inspirai un grand coup et m'enfonçai dans les marches, bercé par la caresse et un intense sentiment de délassement. La cage d'escalier était plongée dans la nuit. Les vieilles marches de bois immobiles, la hauteur du plafond, la profondeur de ce puits qu'un courant d'air parcourait de bas en haut, tout donnait à l'endroit une solennité, un calme d'église. Par-dessous les portes, des rais de lumière filtraient et témoignaient que d'autres vies se déroulaient aux alentours, ignorant les nôtres. Une averse qui s'était mise à tomber à l'extérieur rabattait sur les carreaux grisâtres un doux crépitement dont nous étions protégés. Paix ! Ma partenaire procédait sans précipitation, avec calme, d'une bouche humide et brûlante, qui, minute après minute, sans rien changer, vous faisait franchir une à une les portes du plaisir. Elle eût pu aisément continuer ainsi jusqu'à la fin, suivant une courbe régulière, sans anicroche. Je bandais bien, je sentais mon sexe gros et plein de désir. Parfois, un bruit suspect, une porte qui claquait, une télévision qui s'éteignait faisaient s'arrêter net ma partenaire que je devinais sur le qui-vive. Elle me gardait en bouche, les yeux grands ouverts, l'oreille attentive, attendant quelques secondes que le danger ne s'éloigne avant de reprendre son ouvrage. Ses mains firent glisser mon pantalon et mon caleçon jusqu'au niveau de mes genoux et elle entreprit de m'embrasser entre les jambes. Je la laissai faire puis lui fis signe que je voulais la prendre, faisant naître sur son visage un petit sourire. Sans que je ne m'y attende, elle se pencha vers moi et m'embrassa quelque part au creux du nez et de l'œil. Je fus touché par cette attention. Puis, dans le silence froissé des vêtements d'hiver qu'on enlève, elle se releva, abaissa son jean jusqu'aux genoux, se toucha un instant, appuyée à la rambarde, jusqu'à ce que j'entende qu'elle était prête. J'en profitai pour lui caresser les jambes. Je me décalai un peu pour lui faciliter la tâche. Accrochée aux barreaux de la rambarde, elle s'accroupit et abaissa sa croupe à la verticale, me guidant de la main. Je sentis couler entre mes jambes une liqueur chaude. Son sexe était tiède et doux, ses mouvements très amples, très profonds. Je portai une main à mes yeux pour ne pas m'exposer un instant de plus aux reflets de ses fesses rondes qui risquaient à tout moment de précipiter mon plaisir. Nous étions toujours attentifs à ne produire aucun bruit, et à chaque instant, nous corrigions le placement d'un appui faisant grincer l'escalier, d'un vêtement claquant contre la boucle de ma ceinture, d'une fermeture éclair battant contre le bois, ou encore, afin d'éviter le clapotement trop reconnaissable de ses fesses contre mon bassin, nous réarrangions l'enchevêtrement de nos positions. Dehors, la pluie tombait toujours, régulière et drue. Je m'avisai que j'avais perdu la notion du temps et de l'espace, que nous étions probablement dans un autre lieu (le pont d'un bateau, en province ?) et dans un autre temps (quelle heure était-il ? depuis combien de temps ?). Je n'étais pas loin de jouir quand un grand claquement de porte retentit comme un tonnerre dans les étages inférieurs. Nous nous figeâmes. La lumière s'alluma, éblouissante. Des voix, des foulées précipitées montèrent de la cage d'escalier, se rapprochant à toute vitesse. Déjà, ma partenaire remontait son jean en éprouvant quelque difficulté à y rentrer ses fesses. Je sautai sur mes jambes, sans prendre le temps d'enlever mon préservatif, remontant en toute hâte mon pantalon, me reconstituant une contenance que mon visage encore rouge de plaisir singeait assez mal. Déjà, les visiteurs étaient sur nous, déboulant de l'étage du dessous et nous acculant, bras ballants, tout penauds, encore éblouis, comme des lapins pris dans les phares. Ils ne parurent pas surpris de nous voir et le premier nous désigna du doigt au deuxième – « voilà, monsieur est en train de remettre sa ceinture » –, nous tendit à bout de bras une carte de la Police nationale, tandis que le deuxième fixait autour du sien un brassard orange. « Bon, vous nous suivez », nous dit le grand chauve. Nous leur emboîtâmes le pas, machinalement, hébétés. Passé la surprise, ma première pensée fut de me dire que je ne risquais rien, car si le racolage était puni, les clients ne l'étaient pas (ce n'est plus le cas aujourd'hui). Je n'étais pas assez lucide pour comprendre que d'autres chefs d'accusation pouvaient être retenus contre nous (« exhibition, violation de domicile, etc. »). La fille, que je voyais pour la première fois en pleine lumière, dans la cage éclairée, se retournait à chaque instant à l'insu de ses gardiens pour m'adresser des signes dont je ne comprenais pas le sens exact mais qui semblaient m'adjurer de nier sa qualité de tapineuse. Je lui adressai un clin d'œil, résolu à suivre son plan.

En bas, deux voitures de flic garées au milieu de la chaussée inondaient la nuit pluvieuse de leurs gyrophares bleutés. Ils nous séparèrent habilement, entraînant la fille à l'arrière de la deuxième voiture et m'isolant dans les phares de la première. D'autres policiers avaient pris le relais, en uniforme, carapacés dans des coques noires qui leur donnaient l'air de gros insectes, avec les antennes de talkie-walkie dépassant du poitrail. Comme dans un bon film policier, j'eus d'abord affaire à un gentil flic qui, après m'avoir fait décliner mon identité, fit passer ma carte à un bleu imberbe, accroché à la radio, chargé de prendre des renseignements sur mon casier. Par le plus grand des hasards, ses parents étaient originaires d'un village voisin des miens, et nous discutâmes quelques secondes de l'ironie du destin qui nous réunissait, après avoir ciré le banc des mêmes écoles, au milieu de cette nuit parisienne, dans cette rue sordide, lui dans le rôle du flic, et moi, dans celui du malfrat. J'étais détendu, tout à fait confiant. Un peu trop peut-être… on me tendit une feuille de papier pelure, qu'on me chargea de signer. J'hésitai, cherchai à la lire. Un grand flic chauve – le méchant – qui observait en retrait s'agaça, me l'arracha des mains et commença de m'en faire un résumé agressif : « Je soussigné blabla déclare que, marchant au niveau du x de la rue Saint-Denis, etc., une individu d'origine subsaharienne m'a abordé et proposé des prestations sexuelles tarifées. Entraîné par l'individu susnommée, j'ai accepté, bien que je ne le voulais pas, et nous nous sommes rendus dans la cage d'escalier du 5 rue blabla. Là, nous avons eu un rapport sexuel tarifé interrompu par l'arrivée d'une brigade de police. Je reconnais les faits, je témoigne que blabla, à la date du blabla. C'est bon ? Tu signes en bas. » Je tergiversai encore, parcourant de nouveau le témoignage qu'on me forçait à parapher, le trouvant trop impersonnel à mon goût. J'hésitai à nier, comme me l'avait demandé la fille. Mais que pouvais-je arguer ? Qu'elle et moi avions flirté, et pris par une envie pressante nous étions réfugiés dans le hall d'un immeuble ? Il est clair que la police n'ignorait rien de l'activité de la jeune fille, ils avaient certainement observé le manège depuis plusieurs jours, au moins aussi attentivement que moi, ils avaient peut-être reçu des plaintes des habitants de l'immeuble (étaient-ce eux, d'ailleurs, qui avaient appelé la police ?). De plus, les liasses de billets avaient dû être retrouvées dans la banane de ma partenaire. Cependant, rien ne prouvait, dans les faits, qu'elles venaient de ma poche. Personne ne croirait ma version, c'était évident, mais il me semblait que ce serait parole contre parole. Reste qu'il faudrait se lancer dans un bras de fer absurde avec la police, contrarier leur plan, dans le seul but d'honorer une parole tacitement accordée à une fille que je ne reverrais jamais, alors que j'aurais pu partir libre dès maintenant, sur-le-champ, en appliquant une simple signature, sans conséquence, au bas du feuillet qu'on me tendait. Je me terrai dans le silence, fis signe que je ne signais pas.

— Comme tu voudras, mon vieux, ça doit taper dans les 250 euros. Ça en fait des tapins, hein ? Si t'as envie de finir ta nuit au poste, c'est selon… embarquez-moi ce guignol.

Deux mains se posèrent sur chacun de mes bras, et me poussèrent vers la voiture – « c'est absurde me dit le gentil flic, tu te mets dans le pétrin pour rien ». Je ne desserrai pas les lèvres, et aperçus, dans la lueur des gyrophares, au moment où une main s'appliquait sur ma nuque pour m'engouffrer à l'arrière de la voiture de tête, le visage de ma partenaire qui se tenait à l'arrière de l'autre, mutique, entre deux armoires à glace. Je ne sus jamais si elle me sut gré de mon héroïsme…

On me conduisit au commissariat du Xe arrondissement, au sous-sol, au milieu des clochards, des pickpockets, des avinés. Il ne fut plus question de la fille, et ce fut bientôt comme si plus personne ne s'occupait de savoir pourquoi j'étais retenu ici. Je me trouvais dans une cellule à l'odeur infecte, que je partageais avec un jeune ivrogne à la chemise déchirée et à l'œil poché. Je me tus, me renfrognai dans un coin. La nuit fut longue. Froide. Sans cesse interrompue par le ballet des patrouilles qui ramenaient au poste leurs cargaisons de viande soûle. Au matin, lessivé, n'ayant pas fermé l'œil de la nuit, en colère contre ma propre bêtise et mon absurde obstination, je m'apprêtais à rendre les armes, prêt à tout signer, quand, dans l'aube grise, une main ouvrit la cellule, me retourna mes papiers sans plus de détails et me rendit à ma liberté. Ce n'est qu'un peu plus tard, en rentrant chez moi aux aurores, que je m'avisai que je portais encore ce que dans la précipitation des événements je n'avais pas eu le temps d'enlever, et que j'avais gardé toute la nuit : mon préservatif.

Une conversation

Une chambre de motel, au bord d'une nationale non loin de Grasse, par une après-midi d'été, quelques mois après ma rupture avec Nathalie. Je suis assis au bord du lit et Anne se tient à l'autre bout de la pièce, sur une chaise adossée au mur. C'est une rousse, plus jeune que moi. Il fait si chaud dehors que j'ai fermé les persiennes et que règne dans la chambre une pénombre fraîche et reposante, un gris de loup dans lequel nos visages se distinguent à peine. Nos voix traversent lentement l'espace qui nous sépare par-dessus le lit. J'entends celle d'Anne me dire :

— Dans le fond, tu ne m'as jamais vraiment aimée.

Et il me semble avoir entendu cette phrase si souvent que la conversation me lasse d'avance.

— Est-ce pour me faire des reproches que tu es venue jusqu'ici ?

— Si je ne l'avais pas fait, aurais-tu seulement cherché à me revoir ? Monsieur se terre dans un hôtel miteux.

— Je reconnais que le café est infect et les voisins bruyants. Mais le patron est très sympathique.

L'air dégoûté, Anne reposa sur la table le reste de croissant qu'elle s'apprêtait à engloutir. Elle fouilla son sac à main, en sortit un paquet de Gauloises d'où elle tira une cigarette.

— Combien de temps comptes-tu encore vivre dans ce galetas de vieux célibataire ? Comptes-tu sortir un jour voir le soleil ? Faudra-t-il que je vienne faire la vaisselle ?

— Je m'occupe très bien de mes affaires.

Elle fit une moue dubitative en détaillant le désordre qui l'entourait : la malle en carton bouilli ouverte au pied du lit, la courtepointe ratinée, rabattue en portefeuille sur laquelle traînaient un mégotier rempli de cendres froides et un Zippo aux armes d'un régiment d'Afrique, la serviette blanche pendue à son clou près de l'évier dévoré de moisissure, les traînées rouges des moustiques écrasés aux murs, l'ampoule nue au plafond, le linoléum gondolé, le tube de cire et les deux chiffons à côté d'une paire de chaussures luisantes, et les livres ouverts, posés face contre terre sur la table de chevet, comme abattus d'une balle dans la nuque.

— Il ne manque plus que la bouteille, mais j'imagine que tu la gardes pour le soir ?

— Anne…

— Quoi ?

— Passe-moi une cigarette.

Le paquet vola à travers l'espace et vint s'écraser sur le lit. J'en tirai une bouffée qui me fit mal à la gorge et m'arracha des toussotements.

— Ne te figure pas que je déprime à cause de la fin de notre amourette, dis-je, d'ailleurs je ne déprime pas du tout. Je me prépare à retourner à l'armée. Je n'ai qu'à prendre la voiture un matin et…

— L'armée ! Jusque dans ton fauteuil roulant, tu y croiras encore, s'esclaffa Anne.

Elle imita un vieillard – « deuuumain je retoutourne à l'a-l'armée ».

— Cette fois je sens que c'est la bonne, tentai-je timidement.

Mais Anne ne m'écoutait plus, elle riait, de ce rire franc, espiègle, qui m'avait tant plu le soir où je l'avais rencontrée dans un café du cours Mirabeau.

— Vraiment, tu t'es entraîné ?

Alors, malgré moi, je ne pus à mon tour réprimer un rire de dérision en lui indiquant d'un coup de menton ma paire de baskets trouées qui n'était pas sortie de la salle de bains depuis des lustres mais que je trimballais encore partout, comme une promesse de lendemain.

— Tu es l'homme le plus RI-DI-CU-LE que je connaisse !

— C'est déjà pas mal, dis-je.

Avec sa main elle imita le geste d'allumer un briquet et je lui en lançai un. J'observai un instant la flamme illuminer ses taches de rousseur.

— Enfin tu as raison, je ne suis pas venue pour te faire des reproches. J'ai quelque chose d'autre à te dire.

— Quoi donc ?

Elle souffla. Fit un geste évasif des deux mains.

— Je suis enceinte.

— Hein ?

— Oui.

Je bondis du matelas, en me cognant au mur.

— Mais… comment… impossible… enceinte ! ? De moi ?

— Je crois, oui, souffla-t-elle entre deux bouffées de cigarette, tout à fait détendue, comme savourant son effet.

— Impossible !

— Et pourtant…

Je me prenais le crâne entre les deux mains pour me protéger du ciel qui me tombait sur la tête. Bafouillai une suite de mots incompréhensibles. En trente ans d'existence, je n'avais jamais envisagé que vaguement la possibilité d'être un jour le créateur d'un autre être humain.

Ou du moins ne l'avais-je jamais envisagé que dans un hypothétique futur dans lequel ma vie aurait enfin trouvé sa direction, où mon ambition aurait été rassasiée (laquelle ?), ma fortune établie (je n'avais pas un sou) et où vivrait à mes côtés une femme qui m'aimerait pour toujours (elle était partie). Je considérais qu'on ne pouvait avoir d'enfants qu'à la condition d'avoir déjà fini sa vie et j'avais la désagréable impression que la mienne n'avait pas encore commencé.

— Quand l'as-tu appris ?

— Il y a deux semaines.

Je m'efforçai de gagner du temps. Mes tempes battaient à tout rompre et un voile d'étoiles crépitantes s'agitait devant mes yeux. Je me rappelais les paroles d'un ami qui me disait que les poulots étaient semblables aux emmerdements, qu'il n'y avait jamais de bons moments pour leur venue. « Si tu attends que ta vie soit parfaite pour te lancer, tu ne te lanceras jamais. » Certes, pensais-je, mais c'était une catastrophe quand même. Je fis trois fois le tour de la chambre à grandes enjambées, sous le regard impénétrable de ce petit ange roux, tout frêle, et de son petit ventre que je ne pouvais m'empêcher de regarder à chaque passage, incrédule. Je me calmai près de la fenêtre, écartant des doigts la jalousie pour faire passer un rayon de soleil qui m'éblouit. Un long silence régnait. Mes pensées s'évadèrent. Les minuscules nuages qui traversaient lentement le ciel ressemblaient à des embryons paisibles.

J'essayais de me représenter un nourrisson, avec ses langes, ses petits yeux bleus, ses mains et ses pieds nus s'agitant aux quatre coins d'un justaucorps et l'idée peu à peu d'être père me parut moins effrayante. Cet innocent emmailloté, avec sa tête d'angelot, son linge immaculé et sa peau lumineuse, n'était-ce pas justement l'envoyé du ciel que j'attendais depuis si longtemps, et qui m'obligerait à sortir de l'ornière ? Je me voyais tout à coup papa poule, au chevet de l'enfant chéri, regardant grandir ce petit être curieux de tout, émerveillé d'un rien, et qui saurait recouvrir – comme une neige blanche – le monde d'un voile d'innocence.

Restait la mère. Je la regardai un instant, assise, dans le coin de cette chambre d'hôtel, avec sa robe d'été, ses 21 ans, son sac d'étudiante, son insouciance, et je me sentis tout à coup la force d'un géant, la force d'un adulte. N'était-ce pas mon devoir que de prendre sous mon aile la mère de mon enfant ? Je l'emmènerais vivre avec moi, dans une petite maison à la montagne, où nous ne boirions que de l'eau. J'irais travailler tous les matins, dans n'importe quoi, sans me plaindre, et reviendrais le soir pour la retrouver, avec son ventre arrondi, ses robes à pois et son sourire radieux. Je protégerais le foyer en homme responsable et pourvoirais à tout ce qui sera nécessaire pour y vivre le plus heureux possible – comme dans ces publicités pour fromages de brebis où la lumière papillonne et où les gens ont les dents blanches... Harassé par le travail, je m'endormirais le soir en ayant la conscience claire, pure, de celui qui œuvre pour le bien et se couche du côté de la vie. Que restera-t-il alors des dix années de perdition et d'errance, si ce n'est un mauvais souvenir ?

— Je ne pars plus à l'armée, dis-je.

— Ah bon ?

— Nous allons partir ensemble, quelque part au milieu de la France. À la campagne. Le plus loin possible des villes. Je te promets que nous allons être heureux.

Anne éclata de rire, se tordant sur sa chaise.

— Tu me fais rire, dit-elle.

— Pourquoi dis-tu cela ?

— Parce que je ne vais pas garder l'enfant, idiot !

Je me rassis sur le lit.

— Pas d'enfant ?

— Non. Tu me vois sur les bancs de l'université allaitant notre progéniture ?

Je me répétai intérieurement ce mot qui sonnait si bizarrement : « notre progéniture ».

— Notre progéniture, répétai-je encore une fois à voix haute, rêveur. « Notre progéniture. » Alors pas de maison dans la montagne ?

— Non, dit-elle en riant encore.

— Pas de promenades en forêt ?

— Non plus.

— Pas de repas au coin du feu ?

— Non ! D'ailleurs, nous ferions mieux d'y aller, il n'y a rien à manger dans ton antre. Et puis j'ai à te demander quelque chose, par rapport au coût de l'avortement…

Nous sortîmes sur le petit parking désert. Le ciel était traversé de grandes traînées rouges, tournant au mauve. Au loin, le soleil finissait de se noyer lentement. Je titubais un peu derrière Anne qui se dirigeait d'un pas sûr vers le bistrot où – je ne l'ignorais pas – elle avait l'intention de me saouler pour mieux me soutirer de l'argent. Je reconnus au loin la silhouette de Bébert qui en sortit et se tordit pour vomir. Anne dit quelque chose mais je ne l'écoutais plus. Je regardais sur ma droite les flancs d'une montagne qui s'étalaient à perte de vue et sur lesquels de petits moutons blancs comme des flocons de neige pommelaient une verte prairie. Dans la lumière déclinante du crépuscule, la montagne prenait une teinte bleutée, et je me disais que le bonheur était depuis longtemps une option que j'avais oublié d'envisager. Mais la nuit commençait de tomber et on n'y verrait bientôt plus rien.

Regarder

Aîné d'une fratrie de cinq garçons, mes seuls contacts avec la nudité ne furent jusqu'à mes 14 ans que quelques seins nus sur une plage d'été, un vieux magazine de charme chiffonné au fond d'un tiroir de ma chambre, quelques touristes hollandaises bronzant en bikini dans le camping du village, et, les soirs de Saint-Sylvestre, le spectacle du Crazy Horse à la télévision, avec ses danseuses aux seins et ventres nus pour lesquelles, malgré la fatigue, mes frères et moi gardions les yeux ouverts jusqu'au passage de l'an.

Au collège, les couples de lycéens s'embrassant sous les abribus constituèrent longtemps pour moi le seul spectacle qu'il m'était permis d'arracher à ce mystère autour duquel toutes nos conversations tournaient.

Ce n'est qu'à l'âge de 14 ans qu'advint un épisode si essentiel de mon éducation intime que tout ce qui s'ensuivit plus tard me semble n'en être que des répétitions, des tentatives désespérées de retrouver l'émoi qui m'avait alors submergé. Je pratiquais à l'époque l'athlétisme dans un club avec lequel il m'arrivait souvent de faire des déplacements dans des villes plus ou moins lointaines, à l'occasion de championnats. Pour nous autres, ces voyages étaient l'occasion de beuveries dans les hôtels Formule 1, de nuits blanches passées à boire nos premiers alcools, à courir dans les couloirs, à toquer aux portes, et à rendre fous nos encadrants qui se navraient de nous voir le lendemain apparaître dans les starting-blocks avec des cernes sous les yeux. Pour les plus précoces, bien sûr, c'était aussi l'occasion de rencontrer des filles qui cherchaient les mêmes choses qu'eux : un flirt, une rencontre de passage, un premier émoi, un premier baiser sous le sceau du secret. Les retours en bus étaient le théâtre d'un festival de vantardises et de récits amoureux tous plus invraisemblables les uns que les autres – semblables en cela aux exploits de chasse que nous nous racontions dans la cour de récréation les lundis matin en attribuant à nos pères respectifs des charniers surnaturels. Bon élève, peu enclin aux polissonneries, je me tenais à l'écart de ces aventures et n'écoutais que d'une oreille les turbulents qui chahutaient à l'arrière du bus. Les veilles de compétition, je maudissais du fond de mon lit les tapages et les jeux nocturnes, les batailles d'eau et les musiques en tout genre qui nous valaient le lendemain des punitions collectives.

Un soir, je m'étais justement couché tôt, volets fermés, sans croiser mon cochambreur que je devinais mêlé à ceux qui, depuis deux heures, couraient dans les couloirs et gloussaient à travers les murs mal insonorisés. À intervalles réguliers, leurs cris me réveillaient et m'empêchaient de trouver le sommeil. D'autres voix plus aiguës, ou inconnues, s'étaient jointes au chahut (d'autres équipes sportives occupaient le même hôtel, et des amitiés se formaient au hasard des couloirs). J'avais pris place dans une couchette surélevée qui surplombait, à la perpendiculaire, la tête d'un lit deux places inoccupé. Or, bien plus tard, au beau milieu de la nuit, je fus tiré d'un sommeil profond par l'entrée inattendue dans la chambre, non pas de celui qui y était attendu, mais d'un grand garçon noir accompagné d'une fille que je ne connaissais pas. Ils devaient se croire seuls, car ils n'eurent pas la présence d'esprit de vérifier au-dessus de leurs têtes si la couche était ou non occupée. Tout se joua en une fraction de seconde : devais-je signaler ou non ma présence ? Je restai tétanisé, plus timide que pervers, estimant, en bon introverti, qu'il me serait moins coûteux de ne pas bouger. Par chance, j'entendis la fille demander au garçon de ne pas allumer la lumière, qui m'aurait à coup sûr révélé. Je craignais cependant tout à coup de comprendre ce qu'un couple d'adolescents pouvait bien avoir l'idée de faire dans le noir ! Allongé dans l'obscurité, je les entendis longuement discuter sur le grand lit en dessous de moi. Je m'appliquais à éviter le moindre mouvement et à retenir au maximum ma respiration, bien décidé à jouer celui qui dormirait dans le cas où ils me surprendraient (qu'auraient-ils sinon pensé de moi ?). Bientôt, après ce que j'interprétai comme une négociation dans laquelle la fille offrait une légère résistance, je la vis à travers les barreaux de bois de ma couche et, à ma plus grande stupéfaction, enlever son haut et, en soutien-gorge, s'allonger sur le ventre, exposant à mon regard ébahi la tache plus claire de son dos. Le garçon avait entrepris de la masser et je voyais ses longs bras et ses longues mains sombres se dessiner sur la peau blanche et nue. Tel qu'il était, redressé, le torse droit, il n'aurait eu qu'à lever la tête pour me découvrir et apercevoir mes deux yeux tout ronds, avides, tapis dans la nuit. Il n'en fit cependant rien, trop occupé à opérer par l'entremise de ses mains le rapprochement physique que la fille désirait sans se l'avouer. Un murmure incompréhensible : il obtint d'elle qu'elle dégrafât son soutien-gorge pour faciliter les caresses (bien entendu !). Je suffoquais, immobile, la gorge serrée, la bouche sèche, le corps traversé d'un tourbillon d'autant plus puissant qu'il m'était interdit de bouger. Je bandais à m'arracher le membre. Il me semblait que les battements de mon cœur résonnaient comme un tambour. Pour la première fois de ma vie allait s'accomplir, sous mes yeux, à quelques mètres de distance, ce qu'il m'avait toujours été interdit de voir. Et je ne l'avais pas même cherché ! Car c'est par une sorte de timidité, où la malice jouait moins que la gêne, que je n'avais pas osé manifester ma présence qu'il eût été maintenant trop tard de révéler. Après le massage du dos et un nouveau débat, la fille se retourna, seins nus, pour une sorte de massage « du devant ». Dans l'obscurité de la pièce où j'apercevais toujours la flaque plus claire de son corps nu, malaxé par les deux grandes ombres noires qui semblaient sortir de la nuit même, j'aperçus, à l'air libre, deux globes pâles et ronds, marqués en leur centre d'une tache plus sombre – les monts laiteux de ses seins. Apparition abstraite, lunaire, Ophélie phosphorescente flottant dans la nuit. Est-ce si ridicule de penser que toute ma vie je resterai marqué par le dévoilement de ce corps nu, par ce moment où, ne se sachant pas observée, cette jeune fille s'était retournée et étendue, afin de livrer au regard de son amant la vue de ses deux seins blancs ? Je ne pouvais plus fermer les yeux, j'étais au comble de la curiosité, d'une sorte d'extase immobile, de jouissance sans contact, dans laquelle j'avais l'impression de me noyer. Je vis bientôt l'ombre du garçon couvrir la poitrine dénudée de la jeune fille et, au bruit de succion qui ne s'arrêtait pas, je compris qu'elle se laissait faire. Cela dura longtemps, dans un silence profond. Il y eut un moment un peu embrouillé, où je ne pus tout distinguer, mais il me sembla que le garçon avait sorti son sexe de son survêtement, et que, guidant la main de la jeune fille jusqu'à lui, il était parvenu à obtenir qu'elle le masturbât. Elle refusa cependant de le prendre dans la bouche comme il le demanda un peu plus tard. Il insista, elle ne voulut rien savoir. Il se releva au bout du lit, retira par les jambes le pantalon de la fille et ce fut bientôt une nouvelle plage de peau, plus longue que la précédente, plus émouvante : je voyais deux belles jambes nues, la tache grise d'une petite culotte. Il y eut des pouffements de rire étouffés, des propos que je ne parvins pas à saisir. L'homme recommença à lui manger les seins puis je vis la forme noire de sa tête descendre sur le ventre blanc, embrasser longuement les cuisses. La fille, silencieuse, ne fit rien pour la repousser. Elle ne se défendit pas non plus lorsque le garçon lui enleva sa culotte et qu'alors je devinai plus que je ne vis, au milieu du fleuve gris bleu de son corps lissé par l'obscurité – comme un marbre sous la lune –, la toison plus sombre, tout en longueur, de son sexe. La tête du garçon s'y engouffra, tandis que s'enroulaient autour de ses épaules les jambes blanches de sa partenaire dans lesquelles ses doigts s'enfoncèrent comme dans la neige. La fille se laissa faire, sans gémir, avec de petits soupirs réservés. La scène dura de longues minutes. Je me demandais maintenant ce qu'il allait advenir si tout à l'heure le couple découvrait ma présence. Allait-il rester dans la chambre toute la nuit ? Que dire alors demain ? Comment justifierai-je de ne m'être pas signalé ? Et si je devais le faire, comment m'y prendre ? J'en étais là de mes réflexions lorsqu'au bout d'un moment, l'homme se redressa et qu'une nouvelle négociation s'engagea. La fille faisait des petits « non ! » et lui répondait par des « pourquoi ? ». Enfin, ils se rhabillèrent côte à côte, mettant fin à leur jeu. Délicatement, je m'enfonçais dans mon matelas, sentant le moment critique. Quand ils se levèrent tout à fait, à quelques mètres de moi, la tête à hauteur de ma couche, je fermai les yeux pour simuler le sommeil, tâchant de distinguer entre mes cils, sous l'effet d'une curiosité irrésistible, le visage de la jeune fille que l'obscurité m'avait jusqu'alors dissimulé. Je n'eus le temps que d'un éclair, celui du fin rai de lumière que les lampes du couloir répandirent un instant dans la chambre quand la porte commença de s'ouvrir. Ce moment ne dura qu'une fraction de seconde : déjà la lumière était sur moi, m'obligeant à serrer les yeux, à bloquer ma respiration, mais j'avais eu le temps d'apercevoir le visage du garçon se tourner dans ma direction et ses lèvres s'entrouvrir de surprise. Je fermai les paupières mais je les entendis chuchoter « merde ! il était là ». La fille pouffa. Je ne rouvris l'œil que longtemps après avoir entendu la porte se refermer doucement.

Aussi étrange que cela puisse paraître, il me fallut énormément de temps avant de me remettre du choc qu'avait représenté pour moi la vision de ces deux inconnus, saisis dans l'intimité d'une relation supposée n'être exposée aux yeux de quiconque. L'expérience du voyeurisme accomplissait sous mes yeux ce que mon esprit avait tant de mal à concevoir : le passage de la vie publique au secret de l'alcôve. C'était saisir le mystère sur le vif. Apercevoir, le temps d'une étreinte, tout un arrière-monde de désirs et de pulsions qui me dégoûtaient autant qu'ils me fascinaient.

Aujourd'hui encore, il m'arrive de prendre un plaisir teinté de nostalgie à écouter à travers un mur les manifestations du plaisir amoureux : les gémissements, les grincements de lit, les coups dans les murs, le bruit d'une chaussure tombant sur le plancher ou celui d'une conversation qui soudain s'arrête et se transforme en soupir – d'abord imperceptible, puis de plus en plus bruyant. Entendre dans le couloir les pas de ma voisine se mêler à ceux d'un homme qu'elle ramène chez elle suffit à me transporter quinze ans en arrière, dans mon pyjama d'adolescent, coincé derrière les barreaux du fameux lit superposé.

Plusieurs années après, je pense encore souvent à ce sentiment premier, pur, du mystère se dévoilant. À l'espèce d'extase irrésistible qui m'avait saisi dans cette chambre d'hôtel, fraction de seconde où mon cerveau s'était noyé dans un liquide lumineux. J'ai toujours pensé que c'était à cela que devait ressembler l'extase religieuse – et non pas au plaisir de la masturbation, comme on a pu le dire bêtement pour la *Sainte Thérèse* du Bernin. Espèce d'éblouissement qui vous terrasse et vous envahit – vrai orgasme de « celui qui voit ».

Enfance et adolescence

À 8 ans, les filles me couraient après. À l'heure de la récréation, la sonnerie marquait le lancement d'une traque dont j'étais le gibier. Au lieu du quart d'heure consacré aux billes et à la vie de préau, je prenais mes jambes à mon cou, poursuivi par une horde d'admiratrices dont je comprenais mal l'engouement. S'il arrivait qu'elles m'attrapassent (l'hallali !), je n'avais plus qu'à me mettre au sol et me protéger la bouche du bras. Elles s'entassaient au-dessus de moi, dans une démonstration d'hystérie collective qui avait pour but de m'arracher un baiser que je leur refusais obstinément. Dans ce domaine comme dans d'autres, je suivais scrupuleusement les conseils de ma mère, qui m'élevait dans l'idée qu'embrasser une fille – ou ne serait-ce même que s'y intéresser – était une bêtise susceptible de me valoir une volée de gifles. À celles qui me demandaient si je les aimais, je répondais ignoblement : « Oui, je t'aime, je t'aime bien, comme j'aime bien les autres. » Un jour que je reçus dans mon cartable une lettre qu'une de mes admiratrices y avait secrètement glissée, ma mère qui la découvrit déchira rageusement le billet doux en rougissant : « À dix ans, on n'a pas besoin de petites copines. Prends garde que je ne le dise à ton père. » Je me justifiai en pleurant que j'étais bien de son avis et que cette carte avait été glissée à mon insu. Plus tard, je passai la classe de neige à blâmer intérieurement les bécotages de mes camarades et à me dégoûter de leur inconduite.

Fort heureusement pour ma mère, mon succès précoce ne survécut pas à la traversée des cent mètres de rue qui séparaient l'école primaire du collège, et je rentrai dans le rang – aussi mystérieusement que j'en étais sorti – à l'abord de l'âge dangereux. C'était l'époque des flirts. Des mains aux fesses dans la cohue de la cantine. Des premiers baisers. Des 3ᵉ se pelotant sur les bancs de la cour de récréation. De l'onanisme intensif. Des rumeurs à propos de ceux qui « l'avaient fait ». Le soir, quand assis à l'arrière de la voiture de ma mère nous passions devant le lycée, j'observais avec avidité des filles en sortir qui me paraissaient 25 ans mais qui n'en avaient que 17 – elles me semblaient inaccessibles à cause de la taille de leurs seins – et je rêvais au moment où j'atteindrais cet âge, dans l'espoir, modeste, de pouvoir leur faire ne serait-ce que la bise.

C'était l'âge aussi où les garçons commencent à parler aux filles et je me rendais compte que j'en étais incapable. Une peur subite, une gêne, s'insinuait en moi au moment de prononcer quelques mots. Il n'était qu'en groupe que je passais pour expansif, et je cachais ma timidité sous un air d'amuseur de bande. Faire le clown me dispensait de rien dire de sérieux.

Une fille du nom de Camille fut longtemps mon amour secret (entrecoupé de brèves périodes pour une Louise). Cette Camille, qu'une bonne partie de la cour se disputait, grande brune intelligente à la chevelure éclatante, à grande bouche et sourire généreux, m'utilisa longtemps comme un céladon fort commode (je lui permettais de copier mes devoirs) avant de m'offrir le rôle de favori. Pendant quelques mois, nous fûmes même plus proches que jamais de « sortir ensemble ». À mesure que se formaient dans la cour des couples entre les garçons et les filles de la classe, et que se rétrécissait le cercle de ceux « qui n'avaient personne », il devenait inéluctable que nous finirions « ensemble » (car la loi de cet âge veut précisément que chacun « ait quelqu'un »).

Cette parade maladroite des adolescents qui s'attirent et se tournent autour trouva son apogée et sa triste conclusion au cours d'une soirée pyjama donnée à l'initiative de la directrice de l'école elle-même (son fils était un de nos camarades) – raison pour laquelle ma mère m'avait donné l'autorisation d'y participer. Enfermés dans une grande chambre dont les parents se tenaient à l'écart (nous avions la permission « de minuit », heure à laquelle ils viendraient nous chercher devant la porte), assis en tailleur, en cercle sur la moquette, nous étions arrivés je ne sais comment, aux environs de 23 heures, après quelques parties de cartes, à nous adonner au « jeu de la bouteille », gaminerie fort innocente qui suffisait à offrir aux enfants de ma génération un cocktail de sensations indépassables : une bouteille, posée dans sa longueur et lancée comme une toupie par une main impartiale, désignait tour à tour une fille et un garçon forcés d'échanger alors un maladroit baiser.

Le premier tour avait vu s'embrasser sous les sifflets un couple qui en était déjà un – mais qui n'en avait pas moins rougi jusqu'aux oreilles. On trépignait au spectacle de ces lèvres se touchant maladroitement, singeant les effusions de l'âge adulte. Cependant, au troisième lancer, la bouteille s'était arrêtée devant le visage ravi de Camille et mon cœur s'était mis à battre à tout rompre. J'étais à la fois terrifié à l'idée d'être le prochain désigné, et jaloux à la perspective que ce puisse être quelqu'un d'autre. Par chance (ou non), celui qui était chargé de donner à la bouteille son impulsion se trouvait être un de mes meilleurs amis qui, par une sorte de goût d'entremetteur ou à cause de l'affection qu'il me portait, s'arrangea, assez maladroitement il est vrai mais avec la complicité de tous, pour que le goulot pointât en ma direction. Il y eut des applaudissements, des sifflets et tout mon corps fut alors saisi d'une énorme vague de timidité, comme aspiré de l'intérieur. Je pensai à ma mère. J'aurais voulu, comme dans la nouvelle de Kafka, me transformer sur-le-champ en un insecte, une punaise, un cafard, et fuir entre les meubles. Dieu vint à mon secours : par la magie d'une soudaine coupure d'électricité, toutes les lumières s'éteignirent, nous jetant dans la pénombre et la confusion. Une bronca s'ensuivit. En moins d'une fraction de seconde, j'aperçus la porte du salut, la minuscule faille par laquelle il me serait loisible de m'enfuir de façon honorable : je me levai d'autorité, m'improvisant électricien en chef. J'ignorai délibérément les protestations qui insistaient pour que le jeu se poursuivît, ma passion pour les coupures de courant était trop forte ! Les peureux se rangèrent à ma cause, soulagés d'esquiver une activité qui les mettait au supplice. Le cercle se désunit. L'assemblée se transforma en pétaudière. Dans la confusion qui régnait, et la demi-obscurité qui nous entourait, j'eus le temps d'apercevoir le visage de Camille, à moitié caché par les jambes qui lui passaient devant, me fixant de ses grands yeux pleins d'un désespoir touchant, mais aussi d'une colère à mon égard dont j'ignorais alors qu'elle serait définitive. On s'occupa de l'ampoule. Puis d'autre chose. On mit de la musique. Tout le monde oublia. Mais pas Camille… J'étais trop jeune encore pour savoir qu'il n'est de pire affront que de refuser les lèvres d'une fille lorsque, après une longue résistance, celle-ci consent à vous les abandonner enfin. J'y penserais, plus tard, en lisant cette phrase de Stendhal : « Je négligeai de lui plaire, elle se fit mon ennemie. » Rancœur des filles bafouées, dont j'aurai maints exemples dans la suite de ma vie. Dans les mois qui suivirent, ma trajectoire et celle de Camille empruntèrent les chemins inverses de ceux qu'elles avaient pris jusqu'à la fatale soirée : un lent éloignement, où les signes d'intérêt s'espaçaient et se firent de moins en moins sentir, jusqu'à disparaître totalement l'année suivante, où nous nous trouvâmes dans deux classes séparées et où je la vis, avec beaucoup de tristesse, se rapprocher d'autres garçons et d'autres groupes que le nôtre. Je ne tournai pas aussi vite la page qu'elle, et si l'amour a un sens à cet âge où l'on en ignore tout, je crois que je puis affirmer en avoir eu pour cette brune au beau sourire, dont l'apparition sur une vieille photo de classe suffit encore aujourd'hui à me rappeler les premiers émois de l'adolescence. Si mes informations sont exactes, elle est aujourd'hui mariée et vit en Australie avec un banquier de Brisbane.

Peut-être, en réalité, ma vie eût-elle été toute différente si j'avais eu ce jour-là le courage d'embrasser ma camarade de classe. Déniaisé plus tôt, ma formation de jeune homme eût peut-être pris une autre tournure. Mais la suite de ces années de formation témoignait assez que j'allais persister à ne pas suivre le chemin du plus grand nombre, et à décourager par ma froideur, ma timidité, ma passivité maladive au moment décisif celles des filles qui tentèrent de s'approcher de moi. Pendant dix ans, et jusqu'à mon service militaire, ma peur du beau sexe se complut dans l'évitement scrupuleux de tout ce que ma mère m'avait défendu de faire. Prisonnier de la morale familiale, prisonnier de ma propre timidité, je prenais sur le développement normal des relations humaines un retard que je mis de longues années à rattraper. Ma sensualité, captive, en garda pour toujours une crainte extrême à se montrer en plein jour, comme un animal apeuré n'osant sortir de son terrier.

Enfance et adolescence (suite)

À mon entrée en seconde, ma famille m'envoya dans un pensionnat pour garçons, à deux cents kilomètres de chez moi, au milieu des champs. Les bâtiments austères à briques rouges, battus par les vents, anciennement tenus par des frères jésuites, annoncèrent dès le premier jour que les occasions de flirt y seraient rares. Et si, cette année-là – profitant de ce que l'école souhaitait se moderniser –, une vingtaine de filles eurent le privilège d'accéder à nos salles de classe et de partager notre cour de récréation, elles furent majoritairement conspuées et entourées d'un commun et injuste mépris. Les ballons de football finissaient régulièrement sur leurs têtes blondes et les chants de réfectoire, hurlés de nos voix les plus graves, les vouaient éternellement à des destins de margotons ou de bergères lubriques. Dans l'univers où nous vivions, l'irruption de ces quelques filles au milieu de la cour de récréation était vécu comme une menace contre la camaraderie qui nous unissait – amitié sans arrière-pensées de jeunes louveteaux dévorant la vie d'un égal appétit, agissant en bandes joyeuses, ne vivant que pour le sport, le canular, le débat et l'aventure et n'envisageant les rapports à l'autre sexe que sous l'angle de la blague graveleuse, de la convoitise à distance, et des accusations de superficialité et de chochotterie qui nous dégoûtaient – ne serait-ce qu'à cause de leurs voix aiguës et leur tendance à utiliser des stylos à encre roses. J'aimais cette camaraderie de jeunes hommes, et je l'ai aimée jusqu'à un âge fort avancé. Je l'aimerais encore, je crois, si je ne m'étais pas un à un coupé de mes amis, et si ce genre de club, prolongé en amitié de supporters, n'avait comme tout le reste pris la couleur pâlie du temps qui passe, du bureau des ambitions déçues, et des beuveries sans panache. Plongé dans la vie de l'internat, avec ses colles, ses piaules étroites, ses douches froides, ses terrains de football piétinés de crampons, ses tableaux noirs criblés de signes puissants, ses professeurs charismatiques qui nous faisaient rêver à nos futurs destins (nous étions tour à tour Napoléon ou Jean-Paul Sartre), je négligeai de m'intéresser aux femmes. Je n'ai même pas souvenir de m'être jamais masturbé dans les trois mètres carrés qui constituaient ma minuscule chambre, et ceux qui s'adonnaient à ce genre de plaisir étaient traqués et moqués sans répit :

surpris par les camarades, ils en étaient quittes pour une nuée de quolibets et une polochonnade en règle.

Je mentirais toutefois, si je disais qu'aucun couple ne se forma durant ces trois années d'internat entre la colonie des réprouvées et leurs hypocrites bourreaux, toujours prêts, dès que la surveillance des camarades se relâchait, à se transformer en prétendants un peu lourdauds. Il y eut aussi quelques filles point trop malheureuses de vivre au milieu d'un vivier de garçons en effervescence. On parla d'étreintes discrètes et faciles, certains mercredis après-midi, dans certaines chambres. Il y eut cette vidéo enregistrée à son insu par un garçon de terminale couchant avec une fille de seconde, après qu'elle se fut introduit un dimanche par sa fenêtre. La rumeur se répandit et monta jusqu'aux oreilles de la direction. Le malheureux vidéaste, en pleurs dans le bureau du directeur, fut forcé de s'expliquer devant la famille de sa jeune actrice tombée des nues. Comme on était à quelques jours du bachot, que le coupable prétendait à une mention et que la victime plafonnait dans le fond de sa classe, ce fut elle, la malheureuse, qui, à la fin de l'année, fut exclue du lycée. Je me demande ce qu'est devenue cette étoile filante destinée à brûler la vie par les deux bouts ?

Dans ce monde où les filles étaient rares et les places chères, j'eus pourtant moi aussi – moi qui ne demandais rien – l'occasion de tenir entre mes mains un ticket « tout cuit ». Il y avait, dans le groupe « des plus populaires » de ma promotion – ou qui du moins se considéraient comme tels –, une fille du nom de Julie (ou Justine ? il se peut que je me trompe) qui pratiquait, comme moi, l'athlétisme. C'était une beauté assez agréable de visage, à la peau fraîche et aux cheveux blonds, au corps athlétique, bien ferme, avec de belles courbes, de belles fesses et une poitrine déjà formée. Avec ses vêtements soigneusement choisis – toujours dans le style de la mode de l'époque – et son maquillage calqué sur celui de sa mère, cette fille de 17 ans, qui faisait très femme et dont on sentait le désir de l'être, pouvait aisément passer pour en avoir 20. Une de ces élèves dont les professeurs doivent se dire « pourquoi pas ? ». Je n'avais pourtant jamais été très attiré par elle, la trouvant un peu bécasse, et c'est sans émotion que je voyais à chaque entraînement ce joli corps aux jambes nues, sans chaussettes dans ses pointes, s'agiter sur la piste de tartan dans des mini-shorts collants et des débardeurs flottants. Le corps de la femme n'était pas encore devenu pour moi une source de ravissement. Je n'éprouvais aucune envie réelle de le toucher, ou réflexe de le regarder. J'étais, comme beaucoup d'adolescents, en proie à une sexualité sans érotisme, avant tout attiré par ce qui était caché (les seins, le vagin, l'acte lui-même) mais incapable d'apprécier ce qui était sous mes yeux (les jambes, les épaules, les gorges, etc.). N'ayant jamais envisagé que quelque chose puisse exister entre elle et moi, Julie m'impressionnait surtout par la popularité énorme dont elle et ses amis jouissaient au sein de la promotion. Je ne pouvais en dire autant de moi-même. J'appartenais à une classe intermédiaire de la hiérarchie scolaire : fréquentable sans être recherché, parlant à tous sans me fixer nulle part, beau garçon mais négligeant de m'habiller, j'avais seulement pour moi de cultiver une espèce d'esprit fantasque qui me valait une réputation d'original.

Or, il se trouva ceci : un cours d'économie qui ne m'intéressait guère nous ayant réunis l'un derrière l'autre sur deux rangs consécutifs, elle apprit à me connaître en suivant les conversations que j'échangeais à voix basse avec mon voisin. Par ennui, elle prit l'habitude d'y prendre part et je me flattais bientôt de la voir m'appeler par mon prénom ou m'adresser un signe de tête lorsque nous nous croisions dans les couloirs. Mon prestige en fut tout à coup considérablement agrandi : je devins soudainement quelqu'un à qui il valait la peine d'adresser la parole, même quand on appartenait à l'un de ces cercles inaccessibles où se mouvaient, comme sur l'Olympe, les demi-dieux des cours de récréation – ceux qui jouaient dans l'équipe première de hockey sur gazon et dont les parents habitaient dans les stations balnéaires les plus cossues du littoral. Je m'apprêtais avec bonheur à me contenter de cette position enviée, à manger ces miettes d'attention jetées dans les eaux peu profondes de l'amitié – celles qui vous font simplement vous sentir fier d'appartenir à un cercle où tout le monde n'est pas admis – quand, à quelques mois de là, il me fallut constater un changement tout à fait inexplicable dans notre relation. L'équipe d'athlétisme de l'école n'envoya cette année-là que deux élèves qualifiés au championnat de France d'athlétisme à Caen : Julie et moi. La compétition se déroulerait sur trois jours, nous logerions à l'hôtel. Notre entraîneur ne pouvant faire le déplacement, nous nous joindrions aux autres élèves qualifiés du département avec qui nous partagerions le bus. La semaine précédant le championnat, des rumeurs me vinrent aux oreilles selon lesquelles Julie avait commencé de sonder mon entourage : « Comment étais-je en privé ? », « Étais-je sympathique ? Populaire ? » Dans le même temps, les anecdotes avantageuses qu'elle avait pu glaner à mon sujet commencèrent à se répandre de manière inexplicable à d'autres cercles. Des mouchards me confirmèrent que Julie battait une discrète campagne en ma faveur, attentive aux réactions, préparant le terrain. Mes amis appuyèrent ma candidature. Je ne devais comprendre qu'un peu tard, hélas, sa réelle nature…

Aussi ne m'expliquai-je que difficilement – gros bêta que j'étais – le soudain revirement de Julie, quand, assis côte à côte dans ce bus où nous ne connaissions personne et qui roulait vers la nuit normande, elle entreprit pour me faire desserrer les lèvres – que je gardais closes de peur – de me tapoter la cuisse de sa main, caresse à peine déguisée. Non, je ne comprenais pas pourquoi Julie, une des filles les plus jolies et les plus populaires du lycée, me trouvait tout à coup à son goût, et me faisait, pour la première fois de ma vie, du « rentre-dedans ». Pris au piège, coincé entre la fenêtre du bus et cette bouche ravissante qui attendait que je lui parle, je demeurai pétrifié sur mon siège, liquéfié de peur, songeant avec terreur que le masque avenant que j'avais pu lui montrer durant les cours d'économie – où il n'était question que de chahuter sous le couvert du groupe – ne m'était plus d'aucun secours dans l'intimité d'un tête-à-tête. Livré à moi-même et à l'insistance de Julie, je redevenais la bête apeurée que je n'avais jamais cessé d'être : grand timide balbutiant, incapable de donner le change. Je fis de mon mieux, m'efforçant de donner à mes longs silences gênés une apparence de décontraction, simulant une extrême fatigue pour fermer les yeux quelques minutes, riant quand elle riait, approuvant tout ce qu'elle disait d'un signe de tête qui me dispensait de parler à mon tour, déballant tout l'arsenal des réponses vaseuses, des questions miroir, et cachant mon regard fuyant dans l'obscurité du bus, où je voyais parfois se détacher avec terreur les traits fins, les lèvres pulpeuses, la peau blanche de mon ravissant bourreau.

Pendant ces quelques heures, je crus naïvement – et bien orgueilleusement – que l'empressement que mettait Julie à précipiter notre rapprochement vers un mode plus intime, quitte à brûler les étapes, avait pour origine la sorte de maladresse qu'éprouvent parfois les filles à montrer leurs sentiments en présence d'un homme qui leur plaît. Pauvre naïf ! C'est en arrivant devant l'hôtel que je compris de quoi il retournait, ce que Julie attendait de moi, ce pour quoi les circonstances plus que ma personnalité m'avaient désigné. J'étais l'élu ! L'instrument du destin.

La campagne de la semaine précédente n'avait eu comme objectif que de la conforter dans l'idée que ma cote était suffisante pour jouer le rôle que, dans sa hâte de devenir femme, elle avait décidé de m'assigner. Tout s'éclairait dans mon esprit à mesure que les rouages de la machination s'emboîtaient : l'aubaine des deux nuits d'hôtel sans professeur et loin de la famille, la petite enquête à mon sujet, le rentre-dedans…

Je ne comprenais que trop et me revenaient en mémoire les images du grand noir et de la fille blanche que j'avais espionnés quelques années plus tôt, du haut de mon lit d'hôtel : Julie avait l'intention de se servir de moi pour perdre son pucelage et essayait maintenant, maladroitement, de me le faire comprendre.

Des années après, il m'arrivait encore d'imaginer ce qui serait advenu si le plan s'était déroulé comme prévu : Julie et moi, enfermés seuls dans cette chambre d'hôtel miteuse, tous deux embarrassés et étrangers l'un pour l'autre, et cependant bien décidés à lever enfin le voile sur cette énigme de l'adolescence. Je l'aurais déshabillée, elle se serait penchée sur mon grand corps maladroit. Nous aurions découvert, ne sachant comment nous y prendre, étonnés, intimidés, un plaisir inconnu. Tout le reste aurait été à l'avenant et sans doute, avec le recul, extrêmement touchant. Se serait ensuivie cette comédie que les adolescents se jouent à eux-mêmes et aux autres. Nous aurions noyé le poisson du dépucelage dans l'eau tiède d'une amourette. De là, une rupture rapide et discrète – le premier jour du retour au lycée – et chacun s'en serait allé plus heureux qu'il n'était venu. Pauvre Julie ! Comment aurait-elle pu prévoir que son plan parfait allait tomber sur un os ? Minuscule grain de sable que son esprit n'aurait jamais pu imaginer et qui n'était rien d'autre que mon indécrottable inhibition ! N'importe qui eût rêvé d'être à ma place, et beaucoup au lycée devaient amèrement regretter de ne pas courir plus vite, sauter plus haut ou lancer plus loin : le corps nu de Julie, sa virginité, ses fesses musclées allongées sur le lit d'une chambre d'hôtel Formule 1 valaient bien les trois séances d'entraînement hebdomadaires. Hélas, je n'étais pas de cette trempe et je laisse aux autres le soin de moquer ma maladresse, ma trouille de vierge effarouché à un âge où, si j'en crois les chiffres, la moitié des Français ne le sont déjà plus.

Sur la pelouse du stade où nous effectuions une visite de reconnaissance, elle s'était allongée la tête sur mes cuisses, lunettes de soleil sur le nez, comme un labrador attendant de son maître mutique un signe d'intérêt. Rien. Je demeurais silencieux, les bras le long du corps, embarrassé par cette fille dont je ne savais que faire, et dont l'attitude me déconcertait. En mon for intérieur, je me convainquais – toujours cette manie de justifier ce que ma peur seule me dictait – qu'il n'était pas raisonnable de se lancer dans de telles aventures la veille d'un championnat de France, que notre entraîneur n'aurait pas permis ce genre de chose et mes parents encore moins. Où était passé le joyeux luron de la classe d'économie ? Dans les yeux de Julie, je lisais une déception profonde qui me faisait d'autant plus mal qu'elle ajoutait de la culpabilité à la mienne. Je m'en voulais de n'être pas à la hauteur et de rejouer, à grande échelle, l'épisode du « baiser à Camille ». Mais que dire ? Comment fallait-il procéder ? De quoi devait-on parler avec une fille ? Comment soutenir ce regard qui faisait se baisser le mien ? Ma voix sourde ne franchissait plus le seuil de mes lèvres qu'en marmonnant d'affreuses banalités qu'elle me faisait répéter trois fois. J'arborais le visage fermé et sans sourire de ceux qui ont déjà accepté leur défaite. Mes mains tremblaient de ne savoir où se mettre. Et j'assistais en direct, impuissant, heure par heure, à l'effritement de l'intérêt que Julie avait eu la générosité de me porter. Son bel enthousiasme, son élan qui ne demandait pourtant pas grand-chose, étaient venus se briser – d'autant plus violemment qu'elle ne l'avait pas vu venir – sur le roc silencieux et inébranlable de ma pucellerie.

Le deuxième jour, lassée de mon silence et de ma froideur qui jetaient sur notre huis clos une ambiance lugubre – empirant à mesure que ses avances se faisaient plus directes (une nuit était déjà passée) –, elle profita de rencontrer par hasard sur le stade un de ses anciens professeurs de sport pour m'abandonner sèchement à ma solitude. Cet homme d'une trentaine d'années, qui avait été jadis son entraîneur, encadrait pour les championnats une dizaine de jeunes athlètes soudés et lumineux, dont j'étais à peu près l'exact contraire. Seul dans mon coin, je passai le reste de l'après-midi à regarder Julie batifoler au loin avec ses nouveaux amis. Le soir, elle revint prendre ses affaires à l'hôtel, m'annonçant qu'elle passait la nuit dans le leur. Debout dans la chambre vide, au milieu des dossards, des épingles à nourrice, des chasubles repassées et des fruits secs que ma mère avait glissés dans ma valise, je regardai s'éloigner par la fenêtre sa silhouette qui me tournait le dos. Je mangeai ce soir-là un sandwich au jambon en regardant la télévision. La nuit, je trouvai difficilement le sommeil, rongé par le stress que me procurait mon 1 500 mètres du lendemain. Aujourd'hui encore, j'ignore lequel des athlètes du petit groupe eut l'honneur, au même moment, de prendre la virginité que je lui avais abandonnée. Il n'est pas exclu qu'il s'agisse carrément de l'ancien entraîneur, qu'elle passa la journée du lendemain à dévorer des yeux, d'un regard éperdu de reconnaissance. Quant à moi, malgré mon tee-shirt bien repassé et mes fruits secs, je finis dernier de ma finale.

De retour au lycée, il arriva avec Julie ce qui était déjà arrivé avec Camille : je retombais dans son indifférence. Je ne dis jamais rien à mes amis, ni de ses avances, ni du professeur de sport à jogging rouge, jetant un voile pudique sur cet épisode aussi déshonorant pour elle que pour moi. Elle dut en faire de même de son côté et au bout de trois mois, convaincus et rassurés que nous étions par nos silences respectifs et l'absence de rumeurs, elle consentit à me redire « bonjour ». Nous en restâmes là.

Combien de prétendantes ai-je ainsi découragées à force de les fuir ? Je me souviens, plus tard, d'une Française d'origine marocaine du nom de Yasmine, qui, après avoir tenté un rapprochement physique, en fut quitte, elle aussi, pour mon silence. Une autre (Inès), plus insistante, plus persévérante, nous organisa plusieurs fois des pique-niques en tête à tête autour d'un lac, à la tombée du jour, pour tenter de m'aider à sortir du rôle de sigisbée dans lequel je me complaisais. Nous étendions une nappe sur l'herbe, elle s'allongeait sur mes jambes exactement comme l'avait fait Julie, et en récoltait le même décevant résultat : tout mon corps se crispait et se raidissait de gêne. Les mains derrière la tête, je ne trouvais alors rien d'autre à dire que de continuer, imperturbablement, à discourir sur la pluie et le beau temps.

M...

Je ne suis jamais retourné à l'Oasis – le fameux bar à devanture rouge où, un soir d'ivresse, j'avais fait la connaissance de M... et perdu mon pucelage.

Il m'eût été difficile d'assumer devant les entraîneuses (qui se connaissaient toutes) qu'une des leurs avait pris ma virginité – à moi qui, dans mon bel uniforme, jouais les fiers-à-bras. J'avais peur d'être trop tendre, et de me laisser embringuer dans une relation où il eût été facile pour M... d'abuser de mon inexpérience et de me soutirer de l'argent (je n'en avais pas énormément). Je ne l'ai d'ailleurs jamais revue, si ce n'est une fois, par hasard, d'un de ces taxis déglingués qui arpentaient en permanence le centre-ville. Il faisait très chaud et j'avais laissé la fenêtre ouverte. Je me souviens très bien des lumières jaunes de la ville, les nuits d'été à D..., et de l'odeur d'essence si particulière des villes d'Orient. Par la vitre baissée du taxi qui avançait au pas, une silhouette m'avait hélé du trottoir en face puis, se détachant de la foule, avait tenté de nous rattraper en trottinant. Je suppose qu'elle m'avait reconnu. Ou peut-être que non. Peut-être cherchait-elle simplement un taxi. Le mien avait accéléré. Et je n'avais rien fait pour l'en empêcher. Je me rappelle sa silhouette s'éloignant dans le rétroviseur, de plus en plus petite, puis s'arrêtant au milieu de la route, haletante, en nous lançant des bras d'honneur. J'ignore pourquoi je n'avais pas fait arrêter la voiture. J'ignore si ses insultes m'étaient adressées. Qu'est-elle devenue aujourd'hui ?

Toulouse

De ma majorité jusqu'à mes 24 ans, l'alcool a été le seul remède capable de me faire sortir de ma timidité. Je ne fus pourtant jamais, ou rarement, l'un de ces buveurs loqueteux qui finissent emmaillotés dans des couvertures de survie, nageant dans leur vomi entre deux voitures, et que leurs amis arrosent d'eau et bourrent de gifles pour les empêcher de dormir. Vomir, d'ailleurs, ne m'arrivait presque jamais. J'avais à l'alcool un rapport de défi. Je résistais à ses effets de toutes mes forces. J'avais à la fois le désir de perdre pied et l'orgueil de rester debout. Je naviguais dans cet entre-deux délicieux du « petit coup dans l'aile ».

Je jouissais d'une réputation de pochtron qui me précédait partout. Si j'étais invité à quelque réception, mon premier réflexe était de me ruer sur le chariot-bar pour m'étourdir. Ivre sur ma chaise, heureux comme un pape, je n'avais plus qu'à jouer le rôle convenu de l'homme en couple avec sa bouteille.

J'avais alors le privilège de parler et danser librement, exempté de l'obligation de ne pas paraître ridicule. Mon sourire complet témoignait de mon autosuffisance : il était inutile de me faire la cour et je ne la ferais à personne. Je vivais replié derrière cet écran de fumée. Pourtant, quand sonnait la fin de la soirée, quand, gisant sur les tables basses, les cendriers finissaient de se consumer au milieu des taches de vin mauves, et que, reprenant son manteau, il fallait se résoudre à rejoindre la solitude et l'obscurité des rues désertes, quand, enfin, s'éloignaient dans la nuit, par petits groupes, les invités heureux, je redevenais tout à coup moi-même, le vrai, le dégrisé : l'être de la nuit, le rôdeur.

C'est à Toulouse peut-être que mon alcoolisme atteignit son paroxysme. Je venais de terminer péniblement mes études et menais une vie de bâton de chaise. L'avenir ne me disait rien. Pour gagner ma vie, je distribuais à la sortie des bouches de métro des prospectus, des publicités, que je finissais par répartir dans les poubelles échelonnées le long du trajet qui menait à mon bar préféré où, patiemment, j'attendais l'heure de la relâche. L'armée, l'université, avaient été pour moi de grandes familles. Rendu à la « vie active », c'est dans la nuit que je cherchais désormais la compagnie. Dans la nuit, et dans les bars où j'entrais au hasard.

À Toulouse, j'en fréquentais deux : l'Esquile, rue du Taur, et le Café des Thermes, boulevard Carnot (surtout parce qu'on y trouvait des cigarettes passé minuit et pour contempler la fille de salle qui était d'une beauté étourdissante). J'aimais ces vieux rafiots, toutes lumières allumées, échoués au rivage des rues sales, et qui brillaient comme des phares dans la nuit. Je ne mettais jamais un pied en centre-ville sans qu'il ne finisse par m'y guider, invariablement aimanté par la perspective des banquettes rouges, des tabourets collés au zinc, la présence certaine des mêmes barmen devant les mêmes bouteilles de toutes les couleurs, vrai atelier de chimiste. Ma soif était fouettée par la chaleur épouvantable qui régnait dans la Ville rose et avait fini par s'y confondre : suées éthyliques, chemises gluantes, mouches barbotant dans des mares de liqueur, roupillons à l'ombre des velums, le nez piquant dans l'anisette et les cacahuètes.

La nuit tombant, le vent entrant par la porte ouverte apportait un peu de fraîcheur dans les salles surchauffées où les buveurs, perchés sur leurs tabourets comme de petits singes, commentaient d'un air gascon le dernier match des Rouge et Noir. Les anciens, écrasés sous leurs bérets, échangeaient entre eux des mots d'occitan auxquels je ne comprenais rien, si ce n'est qu'il était souvent question de « boudu » et de « couillonnade ». Serrés entre deux coudes, le nez rougi, les visages que je surprenais dans le vaste miroir me semblaient appartenir à des hommes heureux.

Parfois, le patron de l'Esquile acceptait de nous garder au chaud quelques heures de plus. Il tirait sur la devanture un rideau de fer derrière lequel, à l'abri des regards, un petit comité d'habitués s'évertuait à écouler les réserves qu'il voulait bien remonter de sa cave : liqueurs et eaux-de-vie en tous genres, fine et armagnac, cognac et pineau, mirabelle et triple sec, incroyable cortège de breuvages et de bouteilles de toutes les couleurs – jaune impérial, vert perroquet, mauve des bois, bleu lagon –, toute une féerie de fête foraine dans laquelle nageaient des glaçons, limpides comme des icebergs. Tête contre tête, parlant tout bas, se soufflant au visage des haleines chargées en entourant de leurs grosses mains tremblantes de minuscules verres à rincette d'où émanaient des fumées éthylées, les derniers buveurs, entassés sous la dernière lumière, ressemblaient à un concile d'alchimistes concoctant dans l'arrière-salle d'une taverne je ne sais quelle potion secrète. Comme dans les films (lourdingues) de Michel Audiard, des voix rogommeuses faisaient claquer dans l'air des formules définitives, mélange de folie douce et de philosophie à quatre sous.

— Tu vois, gamin, le problème de l'alcool au volant, c'est quand les routes sont droites.

Bien accroché au zinc, je tâchais de faire bonne figure devant l'interminable défilé des bouteilles, véritable 14 Juillet du buveur : vieux guerriers écossais à carrure épaisse, à étiquette jaunie, aux torses armoriés et visages balafrés de vieille cire, fringants officiers aux képis de liège bleu et uniformes immaculés, armée de carafes, escadron de fiasques, contingent de planteurs des colonies (gros succès), et pour le bal du soir, graciles danseuses, aux teints rosissants, glougloutant comme des cigales.

Comme dans un livre de souvenirs, je voyais dans les trognes imbibées de ces vieux pépères renaître des images de mon enfance quand, après l'école, mon père m'emmenait au café du coin et que, cartable sous les jambes, je regardais par-dessus ma grenadine les dos voûtés d'une poignée de soiffards qui me fascinaient – espèce de hiboux grands-ducs, en vestons impeccables, les coudes enfoncés dans le zinc, avalant sans ciller des breuvages qui semblaient leur faire l'effet de l'eau, et dont on ne s'apercevait de l'ivresse que lorsque, descendant enfin de leurs tabourets, les têtes hautes, ils s'effondraient de tout leur long à la première marche venue, sans jamais parvenir à se relever. La dignité du buveur, avais-je lu un jour, commande de s'effondrer d'un bloc ou de ne laisser rien paraître, ainsi que ces officiers des temps héroïques, passant sans transition de stoïques sous la mitraille à rétamés sur le pré.

Pour ma part, un usage trop suivi de l'alcool, un avancement quoi qu'on en dise de mon âge, avaient commencé de fatiguer mon foie, de détraquer l'enchaînement sans fausse note de mes verres, de brouiller le chemin bien tracé d'une ivresse sans surprises, sillon mille fois parcouru, dont rien jusqu'alors ne m'avait fait dévier et dont je connaissais chaque étape. Les énormes quantités de spiritueux conduisaient ma mécanique bien huilée à des sorties de route inattendues : tantôt l'ivresse ne venait pas, tantôt elle venait trop vite. Tantôt elle s'abattait tout à coup, comme un orage déchaîné où tout se mettait à tanguer sur le pont, tantôt au contraire c'était une brume épaisse, un sommeil profond qui me faisait piquer du nez dans mon verre encore à moitié plein, et je m'assoupissais au fond d'une banquette où l'on me réveillait à grands jets d'eau. Entre mon verre et moi, la confiance était rompue. Je devenais suspicieux, guettais au fond de mon corps les signes avant-coureurs d'une ivresse mal bâtie. Je me mettais à craindre le verre de trop, la trahison qui me jetterait sur le pavé et me ferait rendre ce que j'avais avalé. Les lendemains non plus n'avaient pas la même saveur. J'étais victime de maux de crâne et de défauts de mémoire inhabituels, j'éprouvais une certaine lassitude des dimanches cotonneux et des promesses de sobriété sans lendemain. Mon corps, par certains côtés, commençait à se cabrer contre le traitement trop dur que je lui avais longtemps imposé et je sentais poindre en moi, sans frémir, le moment où je commencerais de lui causer du mal.

Plus tard, au milieu de la nuit, rendu à la ville déserte, je marchais en titubant, en goûtant, en même temps que l'air frais du soir, une espèce d'au-delà de l'ivresse – lucidité sèche de l'alcool refluant. De rares voitures passaient à pleine vitesse sur les boulevards, comme pressées de rentrer chez elles. Sous les porches, des amas de clochards dormaient à côté de leurs chiens. Parfois, une pluie fine se mettait à tomber, chaude, vernissant la chaussée. Las, je traînais ma silhouette dans les rues silencieuses, rejoignais le canal du Midi – le canal de Minuit –, et longeais ses eaux noires jusqu'aux grilles de la pension en regrettant le gaspillage d'une énergie tournée contre moi-même. Sur la route, quelques noctambules, avec qui il m'arrivait parfois de prolonger un peu la soirée, de partager une cigarette. Et puis, bien sûr, au bout de cette nuit, de l'autre côté des eaux, sur l'autre rive, debout comme en plein jour, cherchant la lumière des lampadaires pour se rendre plus voyantes, quelques filles dont les silhouettes se reflétaient à l'envers sur le miroir sombre du canal, comme des appâts...

Prostitution de 3 heures du matin : heure où les ivrognes ont froid, heure où les ivrognes sont seuls, heure où, titubant, désespéré à travers les ruelles de la ville déserte, celui qui souffre d'isolement voit se détacher de la nuit, comme auréolée de lumière (celle d'un lampadaire), la silhouette d'une jeune fille fringante, apprêtée de tous les atours de la fatalité : maquillage rouge, paupières de papillon, et qui le regarde s'avancer en souriant, lui ouvrant les bras. Son « ça va ? » lui fait chaud au cœur, ces jambes, ces mains, ce cou plein de cheveux, il voudrait se blottir dedans. Il ne voit plus très bien tout à coup ce que 40 euros peuvent bien peser contre la tendresse de cette inconnue, contre la promesse de quelques minutes, rien que quelques minutes passées blotti contre elle, contre quelques mots qu'elle sera la seule, ce soir, à lui adresser. Tâtonnant dans l'obscurité, cet homme cherche sa mère. Tendresse des prostituées de 3 heures du matin… épouses de tous les cabossés qui viennent, les yeux secs, pleurer contre leurs seins ! Est-ce un hasard si ces créatures de la nuit avaient choisi de s'embusquer, précisément, sur le chemin qui menait du bar à mon lit ?

Posté en haut d'une rue montante, j'observais souvent le manège de trois filles qui cherchaient à stopper les voitures. Elles étaient juchées sur un petit terre-plein en bord de route, les chevilles plongées dans un tapis de lumière orangée dégoulinant d'un lampadaire. Grandes, avec des minijupes, des talons hauts, des pochettes à paillettes. Le quartier était absolument désert, et le silence de la nuit entrecoupé d'aboiements lointains.

Une voiture s'arrête, la vitre descend, le corps haut perché se penche dedans. De brefs pourparlers. Puis, cette trajectoire bien connue qui fait passer de la portière gauche à la portière droite en passant devant le capot. La démarche tranquille. L'ombre du chauffeur qui se penche vers la place du passager pour en ouvrir la portière. La silhouette qui s'engouffre, la voiture qui s'ébranle, la lumière rouge de ses feux arrière s'éloignant dans la nuit…

Je mesurais surtout combien dans la grande hiérarchie de ce monde, nous autres, clients, n'étions que des poissons d'entre-deux-eaux, nageant à des profondeurs où le soleil perçait encore, et où il nous était possible, d'un coup de nageoire énergique, de remonter à la surface. Mais les créatures sur le dos desquelles nous grignotions un peu de sel marin ! Prostituées, toxicos, clochards ! Vraies créatures des abysses, dont l'âme et le cœur semblaient à jamais condamnés à demeurer dans ce royaume d'ombre, exilés définitifs, monstres couverts de plaies, boiteux, cyclopes que ne supporterait plus la lumière du jour. Nous n'étions que des misérables, ils étaient des miséreux. Animaux qui me faisaient l'effet de générations spontanées, d'insectes souterrains qui ne sortaient qu'à la nuit tombée et qui n'entretenaient plus avec le gros des hommes qu'un rapport éloigné, naissant et mourant dans l'indifférence. Que deviennent ces femmes que l'on ne connaît jamais que sous la lune et dont les visages, noyés de larmes, se cachent derrière des masques de cosmétique ? Vieillissent-elles, elles aussi ? Montent-elles directement au ciel ?

Je ne sais si Dieu pardonnera ce que nous avons fait. Ni si l'espèce de fraternité et de tendresse que je ressens – moi dont, aujourd'hui encore, le cœur se fend au croisement d'une de ces petites mères ou de ces jeunes beautés arpentant le trottoir, en serrant entre leurs mains un sac de mauvais cuir – pèseront quelque chose dans la balance de mes péchés. Je sais que du fond de mon âme je les ai aimées, avec une pitié sincère. J'aurai apporté, comme chacun, ma part de noirceur à la conduite de ce monde qui de tous les côtés crie douleur. Je l'aurai apporté avec amour. Qu'il me soit donné, même en pensée, de serrer dans mes bras tendrement celles dont la foule s'éloigne avec dégoût, et dont il est écrit dans le Livre qu'elles nous précéderont dans le royaume de Dieu.

Une rencontre

Hier à Cannes. Tard dans la soirée. Je fumais une cigarette sur une minuscule place de la vieille ville quand je vis s'affairer à quelques mètres de moi trois silhouettes devant une porte vitrée : un homme agité, s'escrimant à montrer à un couple de touristes italiens une feuille scotchée sur le verre dépoli.

La femme – grande brune à longs cheveux –, fraîchement maquillée, portait une robe de soirée courte et des escarpins chics. Le mari une chemise entrouverte en lin bleu ciel, ainsi qu'une paire de mocassins. Beau couple. Très apprêté. Un peu trop peut-être... On ne pouvait en dire autant de l'homme qui s'agitait devant eux : un quadragénaire un peu râblé, en polo blanc et short à poches, l'air débraillé. Avec sa grosse tête transpirante, ses lunettes carrées, sa lèvre pendante et son bas de visage couvert d'un gris de barbe qui repousse, il offrait un contraste singulier avec ses interlocuteurs. Le mari montrait sa femme à l'autre, les deux faisaient de grands gestes. Ils étaient si absorbés dans leur palabre qu'ils passèrent près de moi sans me remarquer. Je saisissais à la volée quelques mots de français et d'italien, et il me semblait que le mari reprochait à l'autre de n'être même pas rasé.

Au coin de la rue, le couple s'en alla d'un air décidé, mais l'homme mal rasé continua de leur filer le train, les dépassant tantôt par la gauche, tantôt par la droite pour les supplier. Dans la ruelle étroite on ne voyait que ce polo blanc, un peu grossi, tournoyer autour du couple qui faisait mine de ne pas l'entendre, ou alors s'arrêter un instant, l'air hésitant, avant de reprendre sa marche. Plus je le regardais, plus j'étais persuadé de reconnaître derrière la silhouette de l'homme au short celle d'un sous-officier (sergent-chef ou adjudant ?) que j'avais dû connaître il y a longtemps, du temps de D…

Après leur départ, je m'approchai de la feuille de papier collée à la porte de verre. Il y était écrit : « Sauna adultes. Licence IV. Fermeture : 1 h ». Ma montre indiquait 00 h 50. Je me lançai à leur poursuite, pris d'un étrange pressentiment (« sauna adultes »), et rattrapai le trio dans une rue passante. La femme, silencieuse, plus énigmatique que jamais, tenait toujours le bras de son mari qui poursuivait la discussion animée avec l'agité en short, gris de barbe, qui me rappelait quelqu'un.

À un moment, il me sembla même, oui, il me sembla que l'Italien releva un coin de jupe de sa femme et lui adressa une tape rapide sur les fesses. Puis le couple reprit sa marche, se fondant dans la foule, remontant la rue de plus en plus vite, toujours accompagné de l'ancien militaire en polo blanc virevoltant autour d'eux comme un papillon. Je leur emboîtai le pas à une cinquantaine de mètres, m'efforçant de ne pas les perdre de vue, longeant les murs pour ne pas me faire repérer. Nous passâmes près d'un tabac encore ouvert, dont l'éclairage violent, tombant tout à coup sur les visages des passants, finit de me persuader que j'avais déjà croisé l'homme mal rasé quelque part, sans doute à D..., il y a longtemps. Cependant les deux autres ne le regardaient plus, ou ne lui répondaient plus (la femme n'avait pas l'air de savoir un mot de français), le mari montrait des signes d'agacement, tandis que sa partenaire le tirait par la main en accélérant le pas. Les mouvements du polo blanc devenaient si frénétiques que je pouvais sentir son désespoir. La situation me parut tout à coup assez claire : l'homme, n'ayant plus rien à perdre, en était à leur proposer de l'argent.

Au coin de la rue d'Antibes et de la rue Foch, le couple accéléra tellement qu'il en était presque à trottiner, s'efforçant de mettre entre lui et l'importun le plus de mobilier urbain possible : poubelles, abribus, cendriers. Lui marchait en retrait maintenant, cinq mètres en arrière, tantôt s'arrêtant les mains sur les hanches et laissant le couple prendre de l'avance, tantôt revenant à la charge désespérément. La nature obscène de la scène m'amusait autant que m'attristait la misère de mon ancien camarade. Nous remontâmes vers la gare puis le couple fit halte à quelques mètres de l'entrée d'un hôtel de luxe. Je fonçai vers eux, décidé à les dépasser.

Un instant, je les vis tous les trois de très près, pétrifiés dans la lumière du hall comme trois chanteurs au début d'un air d'opéra : la femme en retrait, au visage gracieux, concentré, le mari devant elle, le bras en l'air adressant d'un geste théâtral un « ciao » autoritaire au pauvre hère, en short, qui attendait au bord du rond de lumière.

L'image ne dura qu'une seconde, et lorsque je me retournai discrètement dix mètres plus loin, je vis le couple s'engouffrer dans l'entrée de l'hôtel et l'homme au polo blanc lever les bras, dépité, puis s'en aller d'un pas plein de colère en direction de la digue. « Pauvre homme ! » pensai-je. Puis l'idée cruelle me traversa que s'il s'était agi d'un prétendant plus jeune… mais le regard sombre du réceptionniste qui me fixait à travers le hall chassa cette idée.

Je courus jusqu'au coin de la rue, cherchant à droite et à gauche la tache du polo blanc que j'aperçus bientôt au loin, disparaissant à toute allure dans les ténèbres. Je le rattrapai en trottinant et le suivis encore un moment, cherchant au fond de ma mémoire quelque chose qui aurait pu me mettre sur la piste de son nom, ou du moins me rattacher à lui. Il marchait comme un sanglier, la tête basse, ruminant sa déception. J'avais mal pour lui : passé un certain âge, se rendre compte que l'on n'est plus désirable même auprès de ceux dont le désir est généreux doit laisser dans le cœur quelque chose de bien amer. (J'esquissai aisément le scénario : le couple arrive trop tard, trouve porte close, l'homme comprend, saisit sa chance, se fait refouler.) Il marchait au hasard, et je le suivais, attendri. Il était 1 heure passée. Je n'avais pas envie de rentrer et je prenais une sorte de plaisir malsain à cette filature, comme un limier suivant une bête blessée. L'homme stationna un long moment devant la devanture d'un bar, contemplant, les mains dans les poches, des groupes de jeunes gens faisant la fête, des corps jeunes et beaux dont il était pour toujours exclu, coincé de l'autre côté de la vitre de la vie. Sur la Croisette, il ne restait plus que ça : des fêtards éméchés, des riboteurs, de la musique forte, des voitures passant à toute allure en faisant vrombir leur échappement. Et au milieu de tout ça des claquedents, silhouettes en loques, fouillant les poubelles, ou quémandant une cigarette à ceux que l'alcool avait attendris.

Le quinquagénaire, en short et polo, avec ses grosses lunettes carrées, sa barbe mal rasée et ses jambes velues, n'attirait pas l'attention. Nous passâmes plusieurs feux où je me retrouvai à ses côtés. Il ne me marqua aucun signe de reconnaissance. À l'angle de la rue des Belges, n'y tenant plus, je le dépassai et me campai bien droit devant lui, en lui saisissant le bras : « Vous ne me reconnaissez pas ? »

Il transpirait beaucoup, son visage luisait dans la lumière bleutée du néon, je le dépassais de deux têtes. Il fit avec son nez une distorsion pour redresser ses lunettes.

— Je ne crois pas.

— Si, dis-je, d'un ton autoritaire. Vous êtes militaire, n'est-ce pas ?

Il recula d'un pas, j'avais l'air de l'importuner. « Militaire ? » dit-il.

— Sergent ou quelque chose comme ça, répétai-je. On s'est croisés il y a longtemps à D…

— J'ai beaucoup voyagé, dit-il.

— C'était il y a neuf ou dix ans, vous vous occupiez de la popote, vous vous appelez…

Des jeunes passaient près de nous, nous jetant des regards provocateurs.

— Andrea, dit-il.

— Andrea, répétai-je, déçu. Ça ne me dit rien.

— Andrea Basoli ; Basoli, c'est mon nom de famille.

— Oui, dis-je, c'est ça… ou du moins ce devait être quelque chose comme ça… Nous nous sommes connus au 5e, vous étiez à la popote et…

— Ça ne me dit rien, vous devez confondre.

Il fit mine de partir, je lui saisis le bras

— Pourtant. Non, j'en suis sûr, il y a neuf ou dix ans, vraiment.

Il sembla réfléchir, hésitant à se dégager, me regardant comme si j'étais un fou.

— J'ai quitté l'armée il y a au moins dix ans.

— Dix ans, vous êtes certain ?

Il mit ses mains sur les hanches.

— À D… je ne suis resté que peu de temps.

À la lumière du lampadaire, je fus moins convaincu de la ressemblance de son visage avec celui du Basilo – Domingo ? Roberto ? Rivero ? – que j'avais connu. Je détectai dans sa voix une sorte d'accent niçois qui me sembla plus prononcé que dans mon souvenir. De près, la ressemblance était moins frappante et peut-être avais-je été victime d'une illusion ?

— Vous êtes seul ce soir ?

— Je rentrais chez moi, dit-il.

— Prenons un verre.

Il haussa les épaules.

— Comme vous voudrez.

Au coin du vieux port, un restaurant était encore ouvert, quelque chose de guindé, un peu étouffé, cosy. Les serveurs en tablier débarrassaient les tables, nous nous installâmes au coin de la salle près d'une vitre fumée donnant sur une ruelle déserte et sombre où passaient des patrouilles de police. Basilo prit un café, essuyant ses lunettes sur son polo. Je commandai un whisky. Nous ne nous ressemblions pas du tout, il n'était même pas certain que nous nous soyons jamais connus… Du moins lui ne s'en rappelait-il pas. Mais y avait-il une grande différence entre ne pas avoir vécu et ne pas se souvenir ?

— Vous habitez seul ?

— Oui, souffla-t-il en jetant des regards vers la sortie, comme si je lui avais tendu un piège et que des hommes armés allaient surgir d'un instant à l'autre pour s'emparer de lui.

Je repensais au couple libertin de touristes italiens qui l'avait éconduit tout à l'heure et à sa marche désespérée à travers les rues. Il but une gorgée de café.

— J'ai connu pas mal de gens. Je ne me souviens pas de tout le monde.

— Ne vous excusez pas, m'exclamai-je vivement. Il me jeta un regard étrange et je réalisai tout à coup que j'avais peut-être trop bu durant l'après-midi, que j'étais même probablement saoul, et que Basoli – Bartoldi ? Gaspadi ? – devait bien s'en rendre compte maintenant.

— C'est un peu bizarre, dis-je, je vous invite, comme ça, à 1 heure du matin, à prendre un verre, alors qu'on ne se connaît pas, ou alors il y a longtemps, ou alors si peu. Je suis de retour dans la région, alors je vois des fantômes partout.

— Je comprends, dit-il, il m'arrive aussi de voir des fantômes. Passé un certain âge...

— Oui, dis-je. Andrea – je peux vous appeler Andrea ?

C'est ainsi que nous parlâmes une partie de la nuit et que j'appris qu'il avait bel et bien connu un séjour à D... Seulement, malgré tous mes efforts pour les tordre, les dates ne concordaient pas avec mon passage et à moins de déformer le temps, il était peu probable que nous nous soyons jamais rencontrés là-bas. La coïncidence cependant me paraissait trop énorme. Est-ce que tous les revenants de D... avaient la même tête ? Le même regard vague, comme s'ils regardaient passer des fantômes ? Un temps nous nous rappelâmes des souvenirs de régiments : les marches dans le désert, le sable, la chaleur, les sangles qui vous scient le cou et le cuir qui vous met les pieds en bouillie. On fit le décompte des lieux que nous avions tous les deux fréquentés, à des époques à peu près similaires : les bars de la rue d'E. : l'Oasis, le K., la place R., le marché aux épices. Comme on fait remonter la vase du fond d'un étang, des images, des visages émergeaient du fond de la mémoire et des chapitres entiers – escamotés depuis longtemps – faisaient tout à coup surface. Des souvenirs oubliés renaissaient, intacts, à l'évocation de quelques noms de rues, de quelques mots d'arabe. Tout resplendissait dans une lumière, un parfum si éloignés de cette nuit cannoise, venant d'une époque si lointaine, d'un pays si différent, qu'ils paraissaient appartenir à une autre vie. Nous n'étions plus là. Le serveur dut s'y reprendre à trois fois pour nous sortir de nos songes. Ensemble, nous peignîmes, avec force de détails, le tableau de ce grand bâtiment ocre qu'était celui du régiment, flottant au milieu de la place d'armes écrasée de soleil et c'était, comme avec un petit pinceau, épousseter une ruine et mettre au jour les vestiges d'un monde perdu.

Je revis, comme si j'y étais, le gigantesque ciel de sable rouge dans lequel se découpaient les trois couleurs du drapeau bleu-blanc-rouge. Le vaste bâtiment chaulé de la 1re compagnie, semblable à un navire de croisière avec ses quatre étages de coursives blanches. Les bureaux de chacune des sections, avec leurs armoires blindées, leurs bazars de filets de camouflage, leurs bustes coloniaux, leurs plafonniers en bois et leurs portes grandes ouvertes dans lesquelles, à chaque instant, se pressait une théorie d'hommes en treillis discutant quelques secondes dans l'encoignure et repartant d'un pas rapide, l'air renfrogné ou réjoui. Je revoyais, émergeant de l'ombre, les deux jambes du capitaine posées sur la table – les rangers luisantes dont ne se présentaient d'abord que les semelles – et puis plus au fond, appuyés contre le mur, sa poitrine bardée de médailles et son visage grognon, aboyant des ordres au milieu de deux pasquinades.

— Tu l'as connu, toi, disais-je, l'adjudant-chef Merlin, celui qu'était tout le temps saoul et qui menaçait de péter les poignets à ceux qu'avaient les mains dans les poches ?

Basoli hocha la tête. Alors commença un étrange bal des têtes, où défila toute une galerie de déserteurs et de grandes gueules, de débrouillards et de lèche-bottes, de courageux et de tire-au-flanc. Ceux qu'avaient fait quelque chose après l'armée et ceux qu'avaient disparu. Ceux qu'étaient morts aussi. Chambrée par chambrée, je revoyais leurs visages où me frappait surtout leur jeunesse – notre jeunesse.

Je revoyais les sorties en VAB, les hommes entassés dans les caisses arrière, trimballés comme des sardines aux quatre coins du désert. Le café chaud fumant sur les petits réchauds, les guitounes au bord des oueds par un petit matin rose, les pitons caillouteux et les talwegs verdoyants – une vie de Peau-Rouge, dans laquelle les chevaux avaient des moteurs et les flèches des plumes d'acier. La jeep du capitaine montait sur la crête, soulevant sur son passage des nuages de poussière. Là-haut, on voyait sa silhouette se dresser, les yeux vissés dans les jumelles, et d'un geste du bras héler le reste de la troupe vers je ne sais quel canyon, vers je ne sais quel Mississippi. Nous n'étions sur la piste d'aucun filon d'or, d'aucun troupeau de bétail, mais simplement du sentiment illusoire de vivre une aventure, d'échapper quelque temps à la malédiction de la métropole.

« Pourquoi avoir quitté ? » me demandait souvent un ancien camarade de régiment qui y avait depuis gravi les échelons. Je ne savais que répondre à cela. Je ne le sais toujours pas, sauf à invoquer cette peur de finir englué, ce refus inexplicable de trouver une place, cet instinct étrange qui m'a toujours fait penser que le ratage valait mieux que la réussite. « Ce que j'aurais voulu, c'était rester pour toujours un moins-que-rien. » Il regardait ses épaulettes, rougissait de colère, me traitait de rêveur. « Je le sais bien, que tous les rêves ont une fin. Alors je suis parti, avant qu'ils ne s'éteignent. » Dans le fond, quand je me demande parfois ce qui me plaisait tant dans la vie militaire, j'en viens à craindre que ce n'ait été que mes 20 ans.

— Ça date, dit au bout d'un moment Basoli pour nous faire émerger de notre rêverie. Je repris conscience petit à petit, détaillant d'un air groggy la salle de restaurant vide où nous nous trouvions, mettant quelques secondes à réaliser que l'obscurité qui nous entourait était celle d'une nuit d'été paisible, dans le petit port de Cannes. Par la fenêtre, des groupes de fêtards, jeunes et insouciants, défilaient dans la rue en chantant.

— Qu'êtes-vous devenu après l'armée ?

— Oh, je suis retourné vivre chez ma mère. Mon père était mort entre-temps. Une ordure, à cause de qui je m'étais engagé. J'ai commencé de travailler comme magasinier et puis comme agent de sécurité. C'est ce que je fais depuis dix ans maintenant. Tourner la nuit, avec ma torche et mon clébard, ça me repose. J'ai eu aussi un genre de femme, une étudiante chinoise, pendant quelques mois, mais elle est partie. Une histoire de papiers… Alors nous vivons à deux, avec ma mère. On ne sort pas beaucoup.

Je lui demandai imprudemment s'il fréquentait souvent les « clubs » et son sourire se tordit de gêne, remontant d'un seul côté. « De temps en temps, oui », dit-il, comme pris en faute. Visiblement, il ne voulait pas en parler et je me demandais si les gens qui fréquentaient ce type d'établissement ressemblaient tous à ce genre de quinquagénaires bedonnants, à jambes poilues, vivant chez leur mère, et éprouvant des difficultés à nouer des relations avec leurs congénères du sexe opposé. Nous parlâmes jusqu'à 3 heures, la tête me brûlait d'alcool et ma vue se troublait de fatigue.

— Et vous autre, me demanda-t-il avant que nous ne nous séparions, qu'est-ce que vous aimeriez faire de votre vie ?

— Moi ? dis-je, pris au dépourvu par une question que personne ne m'avait jamais posée. Eh bien… à la vérité… c'est-à-dire… ce n'est pas facile à avouer…

cela fait des années… je me dis parfois qu'un jour, j'aimerais écrire quelque chose – pas grand-chose, hein –, quelque chose pour raconter… quelque chose qui soit presque comme du silence. Je fis un geste large du bras. Enfin, c'est un petit rêve… un petit livre bien mineur, bien anecdotique. Et puis crever.

Belleville, Boulogne, Saint-Denis

Souvent le soir, avant de m'endormir, je cherche dans la trame serrée de mes jours la maille à partir de laquelle ma vie a commencé à se défaire. Où ? Quand ? Comme dans une enquête policière, je m'efforce sans succès de prendre en flagrant délit un coupable – un fait, une pensée, un trait de caractère, une décision – responsable de ma lente dérive. Quelque part entre mes 15 et mes 25 ans, ma vie a déraillé, et je médite chaque jour sur ces minuscules pas d'écart qui, additionnés les uns aux autres, vous éloignent peu à peu de la route du plus grand nombre.

Une fois les yeux fermés, ma pensée s'égare, perdant le fil de son enquête, et je m'enfonce dans les sables mouvants du souvenir. C'est ainsi que je lisais l'autre jour que le célèbre restaurant *Le Président* de Belleville avait changé de propriétaire et que malgré moi m'étaient revenues à la mémoire quelques soirées passées dans ce haut lieu de la communauté asiatique parisienne – je me rappelle sa façade désuète rue du Faubourg du Temple, son fameux grand escalier rouge, ses 350 tables, ses murs en toc surchargés de sinogrammes, ses aquariums et ses dragons, son odeur de canard laqué et de nems vapeur, et ses grands gâteaux de mariage écœurants, étouffe-chrétien dégoulinants de crème, qui finissaient écrasés au milieu des bouteilles de Tsingtao et d'alcool de riz.

Il faut dire que j'habitais à l'époque le quartier, et que les cinq étages du célèbre bâtiment étaient le seul horizon qu'il m'était possible d'apercevoir des vitres grasses du caboulot d'en face – *La Vielleuse*, autre pilier de la vie bellevilloise. Derrière son comptoir, le patron français, très fier de sa boutade, me disait toujours « le jaune supplantera bientôt le petit blanc » et je me bidonnais en voyant M. Dang – un réfugié vietnamien qui ne jurait que par la bière – prendre son tabouret à deux mains et faire mine de le lancer par-dessus le zinc.

Ce café populaire, qui faisait le coin du vaste carrefour où se croisent le boulevard de la Villette et la rue de Belleville, se trouvait aux confins du quartier arabe et du Chinatown, dont il marquait, pour ainsi dire, une sorte de frontière naturelle. En journée, la terrasse était occupée par un alignement de chibanis à costumes élimés qui regardaient d'un œil oriental la cohue jaune défiler sur le boulevard. Au soir, la façade tout illuminée de *La Vielleuse* prenait l'allure d'un de ces cabarets des vieilles affiches pour absinthe, et les buveurs de thé étaient remplacés par des spécimens d'ivrognes hauts en couleur qui lampaient leurs économies en maudissant leurs contremaîtres. Bien calé derrière ses tireuses comme derrière des merlons, le patron, sur le pied de guerre, attendait le moment où il lui faudrait défendre ses bouteilles à coups de balai. Les seaux de rinçure remplaçaient les marmites d'huile bouillante, et le rouleau à pâtisserie de la patronne le glaive des chevaliers. Les coquillards, plus ivres que morts (ou alors de rire), battaient retraite en jurant de ne plus jamais revenir (du moins, pas avant le lendemain). À 7 heures, arrivait le peuple des petits retraités et des manœuvres en bleu de chauffe, avalant des cafés chauds et des œufs sur le plat. Jusqu'à midi, les habitués tapaient le carton en parlant haut et j'arrivais à l'heure du pousse-café dans les sifflements du percolateur. Ce cycle immuable représentait pour moi un point fixe, une stabilité que je ne retrouvais nulle part ailleurs dans ma vie et qui me faisait du bien. Pousser la porte de *La Vielleuse*, c'était l'assurance de retrouver les mêmes copains, le même patron dans le même tablier m'accueillant avec le même sourire, c'était rigoler un peu et oublier nos malheurs, potiner devant un blanc gommé, s'échauffer dans un débat absurde, rêver à un avenir plus grand.

De la terrasse, je regardais les filles marner à la sortie du métro, le long des murs du « Paris Store », ou faisant des allers-retours sur le terre-plein central du boulevard de la Villette. Une tradition pas toujours respectée voulait qu'elles portassent une rose à la main – signe distinctif comme un autre –, comme il y avait jadis la petite lanterne rouge à l'entrée des maisons de passe, ou comme il y a encore aujourd'hui la pancarte « model » à l'entrée des walk-ups de Londres. C'était une vingtaine de femmes asiatiques (principalement chinoises), entre 30 et 50 ans, rarement moins, bien que je n'aie jamais su leur attribuer un âge précis. Fait remarquable : elles travaillaient même en plein jour, et jusque fort tard dans la nuit. On les voyait discuter entre elles, parfois assises à quatre sur un banc à l'heure du casse-croûte, totalement intégrées au paysage et tolérées par ses habitants : vieux Arabes qui passaient leurs après-midi à boire des thés et à faire le papier du *Paris-Turf*, hommes désœuvrés se livrant à mille trafics, pickpockets, familles, enfants, véritable grouillement humain dont le quartier était empli nuit et jour. Elles se partageaient des appartements dans les rues alentour dont elles vous glissaient l'adresse, écrite sur un petit papier, en vous invitant à les rejoindre dans quinze minutes. Manière d'éviter la Mondaine. Qui ne semblait pas montrer, d'ailleurs, beaucoup d'empressement à mettre fin au trafic. Quand une patrouille toutefois passait pour un coup de filet, on voyait toutes les filles s'égailler soudain comme une volée d'oiseaux, traversant éperdument le boulevard au milieu des voitures en tenant leurs talons à la main. Les gens des terrasses applaudissaient comme au spectacle en huant les policiers dont les grosses tenues bleues, les matraques pendouillantes, faisaient tache au milieu de cette foule bigarrée unie contre le parti de l'ordre. Par discrétion, et goût de la rareté, je préférais souvent m'aventurer à la nuit tombante dans les petites rues avoisinantes, pour dénicher une fille esseulée, en retrait des autres par timidité ou indépendance. Est-ce parce qu'elles me ressemblaient que je les préférais ? On en croisait parfois de plus jolies que les tapeuses un peu épaisses qui tenaient le mur du boulevard et qui n'étaient prêtes à le céder à aucune jeune arrivante. Dans la prostitution comme ailleurs, les règles d'ancienneté prévalaient et le partage du territoire était le résultat d'un rapport de force qu'il était difficile de contester. Les débutantes qui voulaient se faire une clientèle n'avaient le choix que de se placer sous le patronage d'une plus ancienne, ou de prendre le risque de se voir isolées et chassées dans les rues adjacentes, plus dangereuses et moins fréquentées. Je me souviens d'une jeune Asiatique très souriante, très douce, un peu maladroite, à la voix hésitante, que j'avais découverte un soir, cachée sous un parapluie, et qui se montrait aussi timide à racoler que moi à aborder. C'était une débutante qui travaillait non loin de là dans un studio miteux qu'elle partageait avec une amie.

Un simple bat-flanc séparait les deux lits, et nous étions parfois surpris en pleins ébats par les froissements d'un paquet de chips ou les sonneries du téléphone d'à côté. J'admirais chez elle ce sens touchant de l'affection (elle m'embrassait maladroitement le torse ou l'épaule, tenait ses bras serrés dans mon dos, avec la même peur que j'avais moi aussi à oser certains gestes plus intimes avec les filles, comme passer la main dans leurs cheveux, enfouir ma tête dans leur cou). Elle avait un joli corps, mince, avec un bassin assez large, des fesses plates, de beaux seins en papier de riz. Sa peau était étrangement bistrée, rugueuse, comme une sorte de cuir endurci. Je m'efforçais de lui donner du plaisir, du moins de m'en donner à moi-même en m'adonnant à un simulacre d'amour plus élaboré que ce à quoi la prostitution m'avait habitué.

Autre lieu, autre souvenir : le bois de Boulogne à l'ouest de Paris. Bien sûr, je ne prétends pas avoir connu les grandes heures du Bois, mais celui dont je garde souvenir me semble assez éloigné des longues avenues sinistres et désertes par lesquelles il m'est arrivé, ces dernières années, de circuler. Il est vrai aussi qu'un simple passage en voiture peut conférer au décor un aspect trompeur, et c'est à pied que je parcourais jadis l'immense étendue boisée.

Je descendais à la station porte Maillot, empruntais le boulevard du même nom jusqu'au Jardin d'Acclimatation, puis bifurquais à gauche avant de m'enfoncer et de me perdre dans le dédale des sentiers qui quadrillaient le bois. J'aimais la fraîcheur de la nuit, ce goût de partie de campagne, le vent dans les frondaisons des grands chênes. La surface lisse du lac apparaissait parfois, au détour d'un chemin, comme un vaste œil glacé sous la lune. Ou alors c'était le pavillon du Pré Catelan, cerné par des bosquets comme une auberge d'ogre, ses petites lumières brillant au loin derrière le portail somptueux, ses voitures de luxe qui sentaient la partie fine ou la messe noire, et d'où on n'apercevait jamais personne entrer ni sortir. J'ignore si les touristes fortunés, venus vérifier dans ce luxueux restaurant l'excellence de la cuisine française (ravioles de langoustines au foie gras, gelée à la feuille d'or), avaient idée de ce qui se tramait au-delà des murs qui les entouraient, dans la grande masse de forêt sombre qu'ils devaient apercevoir à travers la baie vitrée ?

Souvent, je lisais dans le journal la liste des cadavres, des agressions, des disparitions qu'on y relevait au cours de l'année. Je me surprenais parfois à constater que je n'étais pas passé loin de l'heure ni du lieu du crime. Je lisais aussi quelquefois de ces entrefilets qui me déchiraient le cœur où était annoncée la découverte du corps d'une fille, au fond d'un étang ou dans un bois. J'imaginais le petit corps poignardé, le sac à main posé dans l'herbe, les cris dans la nuit…

« Les trois quarts des clients, m'avait dit un jour une d'entre elles, sont des pervers (scatophiles, masturbateurs), des malpropres (hygiène douteuse, vêtements sales), des mauvais payeurs (négocient les prix) ou des salauds (violences, insultes). » Il faut bien avouer que suivre un étranger au fond des bois en pleine nuit ou monter dans la voiture d'un inconnu quand on est en minijupe et que l'on pèse 50 kilos exige un courage certain.

Il ne m'est arrivé qu'une fois de découvrir un poignardé gisant sur un trottoir, un clochard qu'un règlement de comptes avait laissé pour mort. C'était une nuit, non loin de la grande cascade. Ses vêtements poissés de sang étaient crevés au niveau du jarret et de l'aine. Comme il respirait encore j'avais appelé les secours, et je garde un souvenir marquant de cette masse de chiffons misérables formant un petit tas sombre au milieu de l'étendue de bitume et de pelouses désertes que le bleu des gyrophares avait soudainement inondée. Je ne crois pas avoir jamais vu de spectacle plus triste que celui de cet homme sans nom, sans argent, sans existence, allongé dans la nuit comme un chien et se vidant de son sang sans un mot.

Se perdre dans les sentiers du bois, par une nuit sans lune, était une expérience à la fois terrifiante et excitante. Une sorte de colin-maillard géant, fait de chuchotements, d'ombres furtives, de bosquets tout à coup balayés par les phares des voitures, et dans lequel la peur tenait avant tout au sentiment de vulnérabilité que l'on éprouvait à déambuler seul dans ces vastes espaces déserts où les silhouettes ne se révélaient qu'au dernier moment et où les appels à l'aide étaient condamnés à rester sans réponse.

Pas d'éclairage public. Personne pour vous aider. Il faut apprendre à se fondre dans l'obscurité, emmitouflé dans un manteau noir. À voir sans être vu. À s'agenouiller au passage furtif d'une ombre, au craquement d'une brindille sous un pied, à demeurer immobile, aux aguets, écoutant des voix qui se rapprochent, surveillant la lumière d'un téléphone que l'on a vue fulgurer une fraction de seconde, de l'autre côté de la route. Apprendre surtout à naviguer entre les troncs, à anticiper longtemps à l'avance les trajectoires de ceux que l'on croise, changer de fossé au bon moment pour laisser passer une silhouette louche, un groupe de maraudeurs, une mauvaise rencontre. Repérer et distinguer enfin, du premier coup d'œil, tout ce qui grouille et qui agite les bas-fonds : Sans-papiers, prostituées, maquereaux, camés, tire-laine, travestis, gays en chasse, exhibitionnistes, voyeurs, pervers, sans oublier, perdus au milieu de tout le reste, quelques couples cherchant à faire des rencontres crades.

Au milieu de cette jungle, les filles se livraient entre elles à une lutte de territoire et d'influence, s'insultant et se déchirant souvent : Roumaines, Africaines, filles de l'Est, travestis brésiliens ou colombiens, vieilles Françaises installées dans des camionnettes tous feux éteints, infinité de petits groupes mobiles, se déplaçant d'une nuit à l'autre, et que l'on débusquait au hasard, suivant la piste des hommes qui les traquaient sans relâche. La police passait rarement, ou alors à toute allure, et au passage des gyrophares bleus et rouges sur les boulevards, on croyait entendre monter de la forêt un long ricanement.

Quel intérêt alors de jouer à cache-cache avec des opinels ? De frissonner en croisant des inconnus, engoncés dans des imperméables sombres, et dont on attend avec angoisse que la lune nous révèle le visage patibulaire ? C'est qu'il y avait aussi, au bois de Boulogne, une liberté, une excentricité, un « grand n'importe quoi » qu'on ne retrouvait nulle part ailleurs. Là-bas, tout se passait à ciel ouvert. Les relations avaient lieu à l'air libre, souvent à la vue de tous, contre un arbre ou à même le gazon (le couvert de la nuit offrait un voile de pudeur suffisant). Au détour d'un fossé, des transsexuels nus sous de grands manteaux l'ouvraient tout grand sur votre passage et l'on voyait alors brasiller sous la lune, déhanchés comme des vierges gothiques, les corps légendaires de ces antiques hermaphrodites. Parfois, une voiture s'arrêtait un instant au bord de la route et des hommes venus de nulle part accouraient du sous-bois dans la minute, comme des poissons se ruant à la surface, entourant le véhicule et se masturbant sur les vitres derrière lesquelles un homme encourageait sa femme à faire de même – avant de prendre peur et de redémarrer en trombe, par crainte d'être débordé par la masse sans cesse grandissante des « branleurs ». Le bois retentissait par endroits d'un concert de klaxons, d'attroupements bruyants, de cris dont on ne savait s'ils étaient de bons ou mauvais présages. Entre des forêts de jambes, ahanantes, se découvrait parfois, dans l'éclat furtif d'un phare, une femme ou un homme accroupi au milieu d'autres debout.

Fidèle à mes habitudes, je fuyais les rassemblements et les lieux trop agités. Je n'aimais que la nuit. L'ombre fraîche, le silence de la forêt, la discrétion des rencontres. Enfoncé dans une flaque d'ombre, bien à l'abri de quelques arbres, je découvrais parfois deux ou trois filles qui semblaient comme moi rechercher le silence et l'effacement. Elles fuyaient la police et les clans adverses, s'efforçant de travailler discrètement, ne demandant rien de mieux que de ne pas être devinées. Ces filles, cachées par l'ombre, ne se découvraient qu'au dernier moment, et on passait au milieu d'elles comme on marcherait la nuit, sans s'en rendre compte, au milieu d'une meute de fauves. C'étaient une voix, deux yeux, qui tout à coup se dévoilaient à 5 mètres de vous, au pied d'un arbre. Puis, à mesure que les sens s'habituaient à l'obscurité, deux autres yeux derrière les premiers. Et derrière eux, deux autres encore... Ces travailleuses discrètes – authentiques travailleuses de l'ombre – me plaisaient, et c'était, une fois connu, un plaisir de se rendre, en s'assurant de n'être pas suivi, à cet endroit précis entre trois arbres où de loin on ne distinguait rien, et où l'on était sûr pourtant de les retrouver – ingénieuse petite bande qui avait décidé de faire rimer sécurité avec clandestinité. Je me souviens d'un groupe de jeunes Roumaines qui travaillaient le long d'un mur, en peu en retrait de la route. Ou encore d'un autre de jeunes Africaines qui changeaient d'emplacement tous les soirs et que je mettais toujours du temps à retrouver. Quand l'une était à l'ouvrage, les autres faisaient le guet ou s'amusaient par goût de la farce à nous lancer de petits graviers.

Un contingent de filles de l'Est, un peu plus âgées, emmenait ses clients dans une sorte de sous-bois totalement obscur dans lequel il fallait enjamber des ronces. Quand les yeux s'habituaient aux ténèbres ou que le pinceau d'un phare pénétrait entre les branches, celui qui se croyait être seul dans la nuit apercevait tout à coup, de toutes parts, des hommes et des femmes copulant contre les arbres, chacun le sien, et des armées de voyeurs accroupis, essayant de se rapprocher du spectacle. Le sol était jonché de mouchoirs et de préservatifs. Des sachets en plastique accrochés aux branches jouaient le rôle de poubelles, et de vieilles bâches trouées tendues entre deux troncs tentaient, de manière presque émouvante, de créer un simulacre d'intimité. Quand la lune passait derrière un nuage et que la circulation s'apaisait un instant, on était plongé dans une obscurité vraiment totale, faisant l'amour dans un noir complet, sans même apercevoir celle avec qui l'on était en train de le faire, mais sentant simplement le plaisir de notre sexe enfoui dans le sien et la chaleur de son corps se collant au nôtre. Tableau saisissant que ces hommes et ces femmes faisant l'amour dans le noir, dans un coin clandestin de la forêt ! On n'entendait plus de loin en loin que de petits chuchotements, des bruits de coït, et quand l'un avait fini, la double foulée, craquant sur le tapis de feuilles mortes, du client et de la fille publique s'éloignant du bois – suivant la ligne d'un chemin invisible –, en frôlant, dans une indifférence réciproque, les couples d'à côté.

J'ai longtemps marché, jusqu'à l'épuisement, dans cette immense aire de jeux. Certains soirs, il ne s'y passait rien, ou si peu. D'autres au contraire, régnaient une ambiance électrique, une agitation inhabituelle, frénétique, quelque chose dans l'air qui, comme pour les chiens en été, se propageait à chacun par une sorte de contagion nerveuse. J'y rencontrais parfois des hommes un peu paumés, les habitués de « bou-bou » (beaucoup d'hommes divorcés, abandonnés par leur femme), qui, dans le déliement des langues qu'opère la nuit, me confiaient des histoires intimes, des blessures profondes, des bilans de vies difficiles. Je pensais à la chanson de Léo Ferré – « les gens, il conviendrait de ne les connaître… ». Au milieu de la nuit, des associations d'aide aux prostituées passaient avec de petits camions le long des routes. La lumière émanant des portes à glissière grandes ouvertes faisait sortir tout le monde du bois, et l'on voyait tout à coup converger des quatre coins de la nuit, comme des bêtes sauvages autour d'un point d'eau, ceux qui l'instant d'avant s'épiaient à travers les buissons. Les bénévoles servaient du café chaud que tout le monde se partageait – sorte de trêve des confiseurs qui prenait fin au moment où le camion s'éloignait dans la nuit, en nous laissant à nouveau seuls, livrés à nous-mêmes. J'aimais cette ambiance de campement de réprouvés, cette clandestinité dans le malheur, ce grand rassemblement d'une humanité souffrante où l'écume de la société moderne, les rebuts de la capitale, les laissés-pour-compte, se retrouvaient à la nuit tombante, comme les rats dans la cale d'un navire.

J'aimais que la bizarrerie y fût tolérée et que les différences sociales y fussent gommées par une sorte d'égalitarisme sexuel.

J'ai dit que le bois de Boulogne était aussi un lieu reconnu des couples exhibitionnistes et du milieu libertin. L'avenue du Maréchal-Fayolle, derrière l'ambassade de Russie, à l'orée du Bois, les parkings du parc de Bagatelle, les abords de la grande cascade et de l'hippodrome, étaient des endroits bien connus de la communauté. Des maris venaient régulièrement y « offrir » leurs femmes, selon un scénario et des règles qu'ils définissaient. Parfois, la femme se touchait dans la voiture, derrière la vitre. On abaissait un peu le carreau, pour permettre à des mains de se faufiler. Si la femme le demandait, le mari descendait encore un peu la vitre et la femme soulageait ceux qui se présentaient. Il n'était pas rare que la situation dégénérât, que l'attroupement devînt trop indiscipliné, chacun – frustré par une attente de plusieurs heures, de plusieurs nuits parfois – jouant du coude pour prendre son tour devant la portière. Alors le mari faisait le ménage, menaçait de partir. La femme refroidie demandait à bouger plus loin, la voiture redémarrait, les voyeurs débraguettés la poursuivaient dans la nuit et la chasse reprenait.

Une fois l'affaire finie, on les voyait remonter leurs pantalons et disparaître dans les ténèbres en laissant leur place aux autres. Ou alors, la femme demandait à ce qu'ils se satisfassent eux-mêmes – tandis qu'elle se touchait sur la banquette – et jouissent à l'intérieur de la voiture, sur son corps, ses seins ou son T-shirt. Ce genre de pratiques était du plus commun. Les couples qui s'y adonnaient étaient d'origines fort diverses (en témoignaient les marques de leurs voitures) et je m'étonnais de découvrir ce que la nuit révèle des gens insoupçonnables en plein jour. Plus rarement, le couple sortait de la voiture, étendait un tapis sur le sol, et la femme agenouillée se livrait aux voyeurs qui faisaient cercle autour d'elle. J'ai retrouvé, dans *La Vie sexuelle de Catherine M.*, la description d'une de ces parties fines du bois de Boulogne, preuve qu'elles étaient monnaie courante.

Je ne voudrais pas clore cet inventaire du temps passé sans évoquer une dernière fois l'atmosphère de la rue Saint-Denis. Ses petits pavés, ses passages noyés dans les ténèbres, la chape de silence qui s'abat à l'abord de la rue Blondel. Les contre-allées labyrinthiques. Les innombrables enseignes des clubs de massage et de vidéoclubs érotiques : le Cyber Club, le Club 88 transformé depuis en Lovehotel, le 96 (« DVD et toys »), le Paris sexy (numéro 99) le Vidéo 117, le sex-shop bleu (au niveau du numéro 118), le Peep-Show 128 (devanture rouge) à côté du Sex-Center (« spécialiste poupées »), le Love Shop du 144 (« déstockage massif de DVD »), le Vidéo X (« projection DVD 2 euros ») ou encore le Club 199 (rideau rouge), où un soir une Asiatique m'avait branlé jusqu'au bout, dans une salle de l'étage, essuyant avec de petits mouchoirs blancs le sperme qui m'avait coulé sur le ventre. Le café *Le Central*, au coin de la rue Sainte-Apolline et du boulevard de Sébastopol, avec ses banquettes de moleskine rouge où les « traditionnelles », emmitouflées dans leurs fourrures, venaient prendre un peu de chaleur autour d'un café noir et confier leurs chihuahuas au patron qui leur faisait la bise. Je me souviens que je buvais là de lourds verres de whisky, à fond épais, dont la robe ambrée brillait sous les lumières comme des pierres précieuses.

Belleville, Boulogne, Saint-Denis ! Vieux compagnons ! Ce n'est certes pas de bonheur que vous me parlez, mais votre évocation m'est plus douce que celle des temps heureux. Vous autres ne trahissez pas, ne prenez pas avec l'âge ce goût d'amertume que laissent au fond de nous les bonheurs perdus. Grâce à vous, je m'endors enfin. Sans un regret. Sans un remords.

Justine

Justine m'avait abordé sans trop de gêne, dans un petit café du Vieux-Nice. Je jouais aux cartes dans un coin de la salle.

— C'est une patience, lui avais-je expliqué, le jeu auquel s'adonnent les personnages de Balzac quand ils s'ennuient.

— Vous attendez quelqu'un ?

J'avais souri. Justine ne connaissait pas plus la crapette que la culture niçoise (je mangeais un pan bagnat) et je m'offris naturellement de les lui faire découvrir. C'est ainsi que nous jouâmes une bonne partie de la soirée en discutant de nos vies respectives. Elle était musicienne, dans un orchestre de passage sur la Côte ; raison pour laquelle « elle n'y connaissait personne ». Elle avait une beauté quelconque (cheveux courts, long nez, 29 ans) mais je la devinais croqueuse d'hommes et à vrai dire, malgré un air assez « culturel », plutôt aventurière d'un soir.

Nous nous entendîmes si bien qu'à la nuit tombée nous prolongeâmes la soirée sur la plage, le long de la Promenade des Anglais, une bouteille de bière à la main. Toute la promenade sentait la socca et le poisson grillé et une foule d'innombrables aoûtiens, chemises blanches et sandalettes, finissait de brunir au clair de lune. C'était une de ces belles soirées d'été qu'on voudrait ne voir jamais finir.

Installés côte à côte sur les galets, je parlai surtout à Justine de mon histoire d'amour avec Nathalie. Je lui expliquai ma théorie selon laquelle on ne pouvait aimer qu'une fois et que tout le reste n'était qu'un affreux recollage. « Je ne dis même pas ça tristement, ajoutai-je, j'essaye de rester lucide. L'amour est une carte qui ne passe qu'une fois. »

Je parlai longuement, m'échauffai tout seul à force de replonger dans mes souvenirs, de rouvrir cette cicatrice qui ne cessait de suinter au fond de moi et qui, de temps en temps, me démangeait. « Vois-tu, toutes les filles que j'ai connues après elle, eh bien, je n'ai pas pu. Dès que je vois briller au fond de leurs yeux cette lueur que je connais trop bien, ou que je les sens le matin se blottir contre moi, c'est comme si tout à coup il fallait tout recommencer. Et c'est au-dessus de mes forces. »

Justine m'écoutait attentivement, sans me couper la parole. De temps en temps, quand un silence advenait, elle me relançait volontairement sur le sujet de la passion, m'interrogeait sur ce que j'appelais l'amour, sur la façon dont j'avais vécu avec Nathalie et comment nous nous étions aimés.

— Excuse-moi, dis-je, je parle trop.

— C'est moi, dit-elle, je suis curieuse.

Devant nous la mer s'étalait, noire. Un groupe de jeunes Anglaises un peu obèses venait de s'y glisser, et l'on voyait leurs grosses silhouettes rondes glousser au milieu de l'écume blanche. De temps en temps, un gros avion passait là-haut, en approche de l'aéroport, fouillant le ciel de son gros œil éclairé qui lui donnait l'allure d'un cyclope. Derrière nous, plus haut sur la digue, la Promenade des Anglais bouillonnait dans la chaleur de l'été, et une lumière orange coulait entre les rangées de palmiers comme un fleuve gazeux.

La beauté du paysage, le couvert de la nuit, le bruit de la mer, les bouteilles d'alcool que nous avions absorbées, la chaleur et l'insouciance de cette belle soirée d'été, notre célibat respectif, et jusqu'à la conversation qui avait peu à peu dévié sur nos vies intimes, tout concourait à un rapprochement léger et sans lendemain. N'étions-nous pas après tout libres comme l'air ? Il est des circonstances qui suffisent parfois à faire naître entre deux inconnus un désir qui ne demande qu'à être comblé, et qui doit moins à un réel intérêt de l'un pour l'autre qu'à une absence d'entrave, à une pente naturelle des choses sur laquelle il n'y a qu'à se laisser rouler.

Assis dans les galets, je m'étais naïvement laissé entraîner dans une conversation sur le thème du « désir physique » qui avait fini par m'allumer le sang au-delà du raisonnable. Justine semblait prendre un plaisir malsain à me confier qu'elle appréciait les rapports bestiaux, du moins un peu vigoureux.

— Et toi, me dit-elle, qu'est-ce qui t'émoustille en général ?

— Oh ! eh bien… cette conversation, par exemple.

C'était vrai, et je sentais mon caleçon gonflé de désir. En jetant un coup d'œil discret vers Justine, je vis qu'elle avait la tête penchée, les yeux mi-clos, et les dents entrouvertes sous ses lèvres brillantes, comme si son souffle avait été un instant interrompu.

— Moi aussi, dit-elle, je ne te le cache pas.

Nous restâmes un long moment silencieux, comme paralysés, attendant que la tempête passe et cherchant à nous en éloigner.

— Parle-moi encore de Nathalie, balbutia-t-elle, mais j'avais la gorge si serrée qu'aucun mot ne parvenait à en sortir.

Longuement nous restâmes immobiles, tremblant un peu, luttant contre l'envie d'approcher nos mains l'une de l'autre. Je sentais comme à travers ses vêtements le trouble qui nous avait envahis, et la fièvre chaude, soudaine, du désir.

L'orage passa. Je lui parlai de Nathalie. Nos bières étaient vides et gisaient sur les galets. Parfois nos bras nus s'effleuraient involontairement et demeuraient collés quelques secondes, sans que nous cherchions à les dégager, comme si nous n'avions pas remarqué qu'ils cherchaient déjà à s'étreindre.

Un peu plus tard, au milieu d'une banale discussion, elle me dit tout à coup : « Je ne sais pas ce que tu attends pour m'embrasser. » Je rigolai de sa franchise, puis me levai pour uriner plus loin. Quand je revins, je trouvai Justine allongée sur les galets, les yeux fermés, les bras abandonnés le long de son corps. Je m'accoudai près d'elle, et me penchai au-dessus de son visage qui exprimait une attente, un abandon irrésistibles. Ses yeux s'ouvrirent quand je commençai à coller mes lèvres aux siennes et nous échangeâmes un baiser humide, brûlant, dans lequel nos langues se trouvèrent. Ses paupières mi-closes lui donnaient un air de chatte en chaleur. Je ne sais combien de temps nous demeurâmes ainsi, allongés sur les galets, bouche contre bouche. Je la serrais contre moi et le bruit de la mer roulait à nos pieds. De temps en temps, écartant mon visage de sa chevelure, je voyais briller à travers mes cils, dans les lumières de la baie des Anges, l'étendue noire de la mer, les néons des casinos, les feuilles illuminées des palmiers (le front de mer ressemblait à un flipper géant) et de loin en loin, se distinguant à peine de la plage, d'autres couples enlacés, d'autres groupes chuchotant dans la nuit. Je serrais Justine contre moi, je la serrais très fort, collant contre le mien son corps nu, palpitant, qui ne m'était caché que par l'épaisseur d'un tissu.

À ma plus grande surprise, tandis que ma main peu à peu s'aventurait à flatter les courbes de cette peau blottie contre la mienne, je sentis Justine haleter et trembler de tout son corps, semblant goûter un plaisir déjà fort avancé sur le mien. Il y avait pourtant beaucoup de monde autour de nous et j'avais jusqu'à présent hésité au seuil de sa robe, me contentant de caresser à travers le tissu les renflements de ses cuisses et de ses seins. Lorsque je pus descendre discrètement une partie de la fermeture éclair et accéder à la chair de son dos, je la sentis encore se pâmer, frémir de plaisir, comme soudain traversée de grelottements fiévreux. À la faveur de l'obscurité, je remontai peu à peu jusqu'à l'entrejambe. Je devinai sa culotte trempée. Elle m'embrassa furieusement pour éviter de gémir et je demeurai un instant interdit, émerveillé devant ces démonstrations du désir féminin – gouffre sans fond, mystère plus épais que la nuit. Elle ressemblait à un abricot mûr, prêt à éclater, et il me semblait qu'un mouvement de plus, une pression un peu appuyée, un geste trop éloquent (une main se glissant dans l'élastique de sa petite culotte, des ongles remontant le long de ses fesses) aurait suffi à précipiter un orgasme au seuil duquel elle se tenait déjà.

Je la regardai se débattre avec elle-même, comme un médecin constate avec étonnement le pouvoir de ses propres gestes et la progression d'une maladie qui ne lui appartient plus.

« Elle va jouir ! » pensai-je, éberlué.

Et je vis en effet son visage dans une grande confusion et traversé de grimaces. Elle porta une main à sa bouche pour s'empêcher de crier, se débattant dans le vide à gauche et à droite. Son bassin se contracta, se cabra, et ses jambes se tendirent si fortement que ma main manqua être broyée dans l'étau de ses cuisses. Elle tremblait comme une épileptique. Je la serrai contre moi pour la calmer, recevant dans mes bras les derniers soubresauts silencieux. Enfin son corps s'affaissa, tout mou, comme celui d'une naufragée qui aurait échoué et roulé sur la plage.

Fort heureusement, personne ne semblait avoir rien remarqué autour de nous. Je ne pouvais m'empêcher de sourire d'étonnement, comme si je venais d'assister au spectacle du rayon vert, ou d'un tremblement de terre, en tout cas d'une de ces manifestations de la nature qui vous laissent sans voix. Je dois dire que le plaisir féminin m'a toujours profondément intrigué, et que je ne me suis jamais remis du pouvoir qui m'a été conféré de faire naître chez les femmes ce miracle auquel je ne comprends rien. Tandis que celui de l'homme consiste essentiellement à retenir, le plaisir de la femme m'a toujours semblé être une sorte d'élévation, de grande plage blanche, une désintégration lumineuse à laquelle nous n'assistons qu'en spectateurs.

Essoufflée, hagarde, elle resta longtemps sans bouger, reprenant son souffle, et je sentais son haleine chaude et humide contre mon torse, ses lèvres mouillées, sa chair de poule. Justine se laissa rouler sur le dos, les yeux toujours fermés, toujours muette, comme écoutant au fond d'elle-même les dernières secousses qui, longtemps après un séisme, courent encore dans les tréfonds de la terre. Je respectai un silence religieux, recueilli, qu'elle eut bien du mal à briser d'une petite voix.

— Je suis désolée… c'est la première fois que ça m'arrive… je veux dire… de cette façon.

Je rigolai bêtement, comme un goujat, lui assurant que j'y avais pris moi aussi du plaisir. Vrai ou faux, je n'en éprouvais pas moins une sorte de soulagement érotique, comme si la décharge électrique qui avait parcouru le corps de Justine avait momentanément dissipé l'espèce de tension sexuelle qui nous avait attirés l'un vers l'autre et qui, comme un gros nuage après l'orage, commençait déjà de se reformer au-dessus de nos têtes. Nous remontâmes sur la promenade comme deux vieux amis, comme si ce qui venait de se passer n'avait pas eu lieu.

— De toute façon, dis-je, il est tard et je dois rentrer.

Elle haussa les épaules, hocha la tête, défroissa sa robe, regardant avec mépris les vieux célibataires qui fumaient sur la digue.

— Je déteste me balader seule, dit-elle, j'ai toujours peur qu'ils me violent. Pourquoi souris-tu ?

— Pour rien, dis-je, et je regardai cette inconnue, à la culotte trempée, reprendre le même air de fille comme il faut que lorsqu'elle m'avait abordé dans le bar.

En vérité, il était tard, je n'étais pas fâché de n'avoir pas couché avec Justine. Parler de Nathalie m'avait fait du bien. Bien que souvent je me fusse cru guéri, il m'arrivait encore de replonger dans cette période de ma vie avec un mélange de douleur, de joie, et d'un immense sentiment de gâchis.

— J'espère que je ne t'ai pas trop assommée avec mon histoire, dis-je.

— Ça non, dit-elle, pas du tout.

Et au contraire, elle insista pour que nous continuions à parler d'amour et de sentiments, de la passion qui avait existé entre moi et Nathalie (elle en parlait avec un regard allumé), du quotidien que nous avions partagé lorsque nous vivions ensemble.

— Est-ce que vous vous allongiez parfois à deux dans un parc ? Est-ce que vous vous teniez la main dans la rue ? Est-ce que Nathalie faisait des crises de jalousie ou de folie amoureuse ? Comment était-ce, lorsque vous faisiez l'amour ? Était-ce différent d'avec les autres ? Est-ce que Nathalie jouissait ?

Je rigolais, gêné.

— Tout cela, oui, tout cela, disais-je, pour éluder les questions. Mais tu m'as très peu parlé de toi, raconte-moi quelque chose à ton tour.

— Oh moi ! dit-elle. Je n'ai connu que des histoires sans lendemain, des affaires de deux ou trois mois, de deux ou trois jours. Tu sais, dans un orchestre, tout le monde couche avec tout le monde. Cependant, l'amour, vois-tu, je ne suis pas encore sûre de l'avoir connu.

— Pas sûre ?

— Oui, en tout cas, pas celui dont tu me parles.

Soudain, elle se glissa sous une porte cochère, la respiration de nouveau courte. Je vis sa main se glisser sous sa robe et s'activer furieusement, tandis que ses yeux me regardaient avec un mélange de honte et de désespoir. Elle souffla dans un râle :

— S'il te plaît, parle-moi encore de Nathalie !

Visite au sauna

Je peux bien le dire : je suis retourné hier soir devant la porte du club où j'avais rencontré cet inconnu que j'avais pris pour un autre. La feuille était toujours là, collée au verre dépoli : « Sauna adultes. Licence IV ». Pas d'enseigne, pas de lumière, simplement ce petit écriteau et cet huis à travers lequel ne perçait qu'une faible lueur. Une odeur de chlore et le son d'une musique étouffée émanant d'un soupirail tout proche avaient pourtant fini de me convaincre que l'endroit n'était pas fermé et, assis près d'une fontaine, j'avais nourri le secret espoir de surprendre en flagrant délit les visages de monsieur et madame Tout-le-monde se rendant aux bains publics.

J'ai déjà dit à quel point m'hypnotisait la superposition d'un visage sain (en particulier celui d'une femme) et de pensées perverses. Que la bourgeoise, la vendeuse, l'infirmière, la mère de famille ou l'étudiante soit susceptible d'abriter derrière le masque social autre chose que l'être asexué et pur que j'imaginais enfant déclenchait en moi un trouble que je ne me lassais jamais de faire renaître, comme s'il s'agissait, dans le fond, de revivre sans cesse pour parvenir à le dépasser, un blocage remontant à l'adolescence. Embusqué dans la nuit, je rêvais de l'instant où je verrais un couple s'avancer vers la porte obscure, en pousser la sonnette en regardant autour de lui d'un air inquiet et disparaître soudainement, happé par ce sous-sol impénétrable – abandonné à mon imagination – où les hommes entraient anxieux et dont ils ressortaient contents.

Malheureusement trois quarts d'heure d'attente ne furent pas assez pour avoir l'occasion de voir un seul être humain franchir – dans un sens ou un autre – le seuil de la mystérieuse porte et je commençais à croire l'endroit désert lorsque soudainement, sur le coup de 23 heures, un homme seul en sortit rapidement et traversa la place tête baissée, par crainte, sans doute, d'être reconnu. Casquette, petit veston. Frisant la cinquantaine. Au moins, pensai-je, l'endroit est ouvert.

Je passai plusieurs fois devant la porte dépolie pour essayer de distinguer en vain quelque ombre. Rien. Seulement cette lueur, imperturbable, immobile, qui continuait de me narguer. Que risquais-je – à part ma honte – à l'aller voir de plus près ? À basculer de l'autre côté de cette vitre qui m'en barrait la vue ? J'entrai.

La mystérieuse lueur accoucha d'un banal spot à hauteur de visage, accroché au-dessus d'un guichet étroit ou, dirais-je plutôt, d'une guérite exiguë, à fente resserrée et hygiaphone, derrière laquelle m'accueillit un quadragénaire au torse nu. Plutôt bel homme, genre renard argenté, vieux séducteur pas même sur le déclin. Comme je ne savais ce qu'il fallait dire, j'attendis bêtement – en souriant autant que possible pour me donner l'air naturel – qu'il m'adresse la parole. « Homme seul ? » « Oui. » Je sentais son regard me détailler discrètement de la tête aux pieds. « Vous êtes dans le fichier client ? » « Pardon ? » « Abonnement ? » « Non. » « 40 euros, s'il vous plaît. » Sa voix était agréable, enjouée, cherchant peut-être à me mettre à l'aise. Je trifouillai longuement mes poches et les moindres recoins de mon portefeuille. Une musique en sourdine et des bruits de conversations étouffés émergeaient de derrière la guérite. « Il y a donc du monde », pensai-je. Mon ventre se noua, l'homme me tendit une serviette, un bracelet bleu à clé et pochette d'où tombèrent deux préservatifs dans leur emballage. « À tout de suite », dit-il en déclenchant l'ouverture d'une deuxième porte, en face de la première, qui se referma aussitôt que je l'eus franchi. Un piège à rats…

La deuxième pièce était plus sombre, minuscule, sans fenêtre – plutôt une sorte de sas –, dans laquelle je tombai nez à nez avec un couple de quinquagénaires qui finissait de se rhabiller, tout transpirant. Madame, en soutien-gorge noir, ne sembla marquer aucune surprise à ma venue, et nous échangeâmes un bonjour des plus civilisés. Elle était assise sur un petit banc qui séparait la pièce en deux, dans sa longueur. De chaque côté, trois étages de casiers bleus couvraient les murs, comme dans un vestiaire de piscine. Je m'assis face au mien, tournant le dos au couple, commençant d'enlever lentement mes lacets pour gagner du temps. Je supposais qu'il fallait ne rien garder sous sa serviette. Ou peut-être son caleçon ? De toute façon, la pudeur n'était plus de mise. Dans mon dos, la femme parlait de ce qu'ils allaient manger le soir. L'homme, debout, fixa un moment mon torse nu pendant que je déboutonnais ma chemise, avec un regard lubrique que je m'efforçai de ne pas croiser. Une chaleur humide, étouffante, collait à la peau. J'enlevai mon pantalon, m'enroulai rapidement dans ma serviette. Derrière moi, à mon plus grand soulagement, le couple m'adressa un bonsoir poli et s'en alla par la porte où j'étais entré. Je soufflai.

Demeuré seul dans le silence du vestiaire, j'hésitai un long moment à poursuivre mon excursion. Ma conscience balançait, la curiosité le disputant à l'envie de renoncer. Il était encore temps de partir, le tourier dans l'entrée serait le seul témoin de ma couardise… Par-dessus les casiers, je détaillai les paires de chaussures alignées, d'hommes ou de femmes, témoignant d'autant d'inconnus qui m'attendaient derrière cette porte bleue, mystérieuse, d'où semblait sourdre une musique étouffée. Sur quoi allais-je tomber ? À quoi est-ce que cela ressemblait ? Me sentant un peu protégé par ma serviette, je poussai finalement le battant, et risquai quelques pas fébriles de l'autre côté, mimant l'habitué. Tout était sombre : les murs, le sol et jusqu'au plafond étaient peints de noir. De petits spots diffusaient à hauteur de cheville une lumière étouffée. Courant au sol, une guirlande de minuscules leds guida mes pas à travers un couloir désert.

Après quelques mètres à tâtons, je débouchai sur une pièce plus large qui ressemblait à un bar. Je reconnus immédiatement le réceptionniste installé derrière le comptoir, servant face à lui une grosse blonde couperosée, serviette au-dessus des seins, et un vieux gras tatoué à moitié nu (son mari ?) qui ne m'adressa qu'un distrait coup d'œil. Tout était calme. Désertique. Face au bar, des canapés et des fauteuils en cuir inoccupés donnaient une impression de morte-saison. Mais alors à qui appartenaient toutes les chaussures que j'avais aperçues dans le vestiaire ? D'un pas hésitant, mais qui se voulait sûr, je traversai la pièce comme un homme sachant où il va. Au bout, une autre porte, sans rien dessus. J'hésitai un instant à en tirer la poignée, m'attendant à tout moment à entendre se lever dans mon dos la voix du patron que j'imaginais – à tort peut-être – en train de m'épier. Rien. Le battant pivota. Un pas. Puis deux. C'était un autre petit local, en cul-de-sac, saturé d'un bruit d'ébullition. Entre trois murs, un jacuzzi encastré, bouillonnant, dans lequel mijotaient deux hommes complètement nus, immobiles, silencieux, qui me jetèrent à travers les bulles un regard rapidement indifférent (je lus dans leurs yeux l'espoir, allumé puis déçu, de voir entrer une femme à ma place). Je restai un instant bêtement figé au bord de l'étuve. La pièce était si petite qu'on ne pouvait guère stationner debout sans oppresser les baigneurs. Pas question pourtant de mettre un orteil dans ce jus douteux ! Je me voyais déjà faire demi-tour et retourner, au comble de la gêne, devant le bar désert. J'esquissai une volte, revins sur moi-même, interpellé par une lumière au sol : sur ma gauche, un escalier de laque noire plongeait en colimaçon vers un sous-sol plus sombre. J'hésitai un instant, saisi par le doute. Ce club était-il décidément un labyrinthe ?

Je m'engouffrai, m'attendant à ne trouver qu'un local toilettes. Elles étaient là, en effet, mais les escaliers continuaient plus bas, s'enfonçant dans une fumée méphitique. L'espace s'agrandit en même temps qu'il se perdit dans une obscurité plus épaisse. Tout de suite, je détectai des présences indéfinies, des formes vaguement mouvantes, des bruits de pieds sur le sol gluant, quelques gémissements. Mes yeux s'habituèrent à la pénombre : c'était une grande pièce carrée occupée en son centre par un vaste matelas en cuir noir, surélevé comme une dalle. À côté d'un distributeur de lingettes, un téléviseur suspendu diffusait un film pornographique qu'un grand noir, avachi sur une banquette, regardait d'un œil morne. Devant une porte de verre floué, un portemanteau soutenaient une demi-dizaine de serviettes blanches dont les propriétaires avaient disparu. Me vint tout à coup l'image des tas de babouches alignées à l'entrée des salles de prière. Je pressentais que je n'étais pas loin de toucher au but. Un petit sas carrelé, humide, puis une autre porte vitrée, derrière laquelle ne se distinguait qu'une épaisse buée. J'enlevai à mon tour ma serviette, et pénétrai en tremblant, complètement nu, dans le nuage de brume torride, tout imbibé d'une lumière rouge, dans lequel le regard ne portait pas à un mètre et où, aussitôt, je suffoquai : un hammam.

Le long des parois ruisselantes, je devinai des formes plus sombres, assises côte à côte en silence, comme au spectacle. J'osai un bonjour qui resta sans réponse. Je m'assis au bout du rang, par imitation. Toujours ce silence d'église. Était-ce à cause de lui s'il semblait planer dans la pièce une tension contagieuse ? Je discernai assez vite que mon voisin se masturbait et qu'il n'était pas le seul. Dix, quinze hommes faisaient de même en fixant le même point invisible dans le brouillard. Je plissai les yeux. Alors, la brume peu à peu s'écarta et dévoila à quelques mètres de moi, baignée dans la lumière rouge, collée au mur opposé, comme Vénus jaillissant de l'écume, la silhouette floutée, nue, d'une femme agenouillée devant un homme. Je chavirai, je me noyai, comme quinze ans plus tôt dans le lit superposé de l'hôtel Formule 1. L'éclairage, le brouillard, la demi-obscurité donnaient à l'apparition une patine un peu floue, ne conservant que la forme gommée des deux corps qui ressemblaient tout à coup à des sculptures de marbre. On se croyait au fond d'une crypte, prosterné devant l'icône d'un culte très ancien – Madone dénudée, révélant soudain le mystère derrière tous les mystères.

D'un geste lent, l'homme posa une main sur les cheveux de la femme. Son torse ruisselant se soulevait à chacune de ses inspirations profondes. Il regardait au plafond, gorge tendue, pomme d'Adam apparente. La forme remua, les sculptures prirent vie. Au sol, mêlés sur le carrelage, les quatre pieds reposaient côte à côte, alignant vingt minuscules orteils : ceux de la femme, à l'envers, portaient comme un globe terrestre ses deux fesses rondes, et plus haut, son dos blanc qui remontait, accroché comme un lierre aux jambes écartées qu'elle étreignait.

Je me demandais si le couple avait délibérément choisi de se retrouver au centre de l'attroupement ou si, peu à peu, il s'était laissé déborder par les hommes agglutinés autour de lui. Dans l'encoignure de l'entrée, je reconnus la silhouette du grand noir et des deux quinquagénaires du jacuzzi venus gonfler la foule compacte et cherchant, en vain, une place où s'asseoir. Il faisait si chaud que je me demandai si je n'allais pas m'évanouir. Au milieu, comme dans une bulle, le couple poursuivait son exhibition, indifférent à ce qui se passait autour de lui. De temps en temps la femme relevait la tête, cherchant dans les yeux de son mari je ne sais quel assentiment avant de replonger entre ses jambes. Lui ne disait rien, fermait les paupières, les rouvrait au plafond. Tous deux évitaient ostensiblement de croiser les regards pesants qui s'attardaient sur leur étreinte. Timidité ? Gêne ? Ou peut-être le plaisir de l'exhibitionnisme est-il précisément de sentir peser sur soi des regards que l'on entend garder anonymes ? De se sentir l'objet d'un désir collectif et sans visage ? Les hommes tout autour continuaient de se masturber en silence. Je restai un moment ainsi, les boyaux tordus d'effroi et d'excitation. Je pensais aux six portes qu'il m'avait fallu franchir pour atteindre cette chambre secrète, et, sur la petite place déserte, à la vitre dépolie devant laquelle circulaient, en ce moment même, les passants qui ne se doutaient de rien.

Mais ce qui me fascinait surtout, ce qui attisait ma curiosité au plus haut point, c'étaient les motifs, les arrière-pensées, les fantasmes, qui avaient amené cette femme à descendre au milieu de ces hommes seuls, frustrés et affamés, qui poursuivaient dans ce labyrinthe obscur son corps nu et désirable. Qui était-elle ? Que faisait-elle ? J'éprouvais le désir immense de voir son visage, de mémoriser ses traits, de la suivre dans la rue, non pour en soutirer une quelconque faveur, mais pour me convaincre au contraire qu'elle était semblable à toutes les autres, que rien dans son comportement public ne laissait deviner ses pulsions du soir. Quant à l'homme, ses motivations me semblaient tout aussi impénétrables. Peut-être cherchait-il à travers l'exhibition à gonfler son désir de celui de tous les autres, et à savourer ce pouvoir un peu mesquin de celui qui possède sur celui qui n'a rien ?

J'étais si absorbé dans ma rêvasserie, et si intimidé au fond par cette inconnue qui se comportait d'une manière si contraire à mes préjugés que je m'abstins de me lever comme les autres lorsque, après avoir échangé quelques chuchotements, le couple se releva et, sans un regard – la femme tirant son ami par le bras –, prit le plus court chemin vers la porte. Dans la brume, et bien qu'elle me fît face une fraction de seconde, j'eus à peine le temps d'observer plus en détail l'inconnue : jeune brune, cuisse blanche, poitrine lourde. La foule des hommes emboîta le pas aussitôt, se ruant à la file indienne vers la sortie, cul nu, comme des meurt-de-faim. En trois secondes, la pièce fut vidée, et je demeurai seul avec ma honte, mes scrupules, et choqué par l'affirmation brutale du désir, du manque, et presque du désespoir que j'avais vus briller dans les yeux des affamés se bousculant à la poursuite du malheureux couple. Comme je l'avais présupposé, l'essentiel de la clientèle était composé d'hommes seuls, bedonnants ou calvitiés, errant le sexe à la main dans les couloirs exigus et sombres – se reniflant et se coudoyant sans s'adresser la parole – à la recherche désespérée d'une femme qui voudrait bien d'eux. Je réalisai tout à coup, avec terreur, que le pauvre Basoli se trouvait peut-être parmi eux, avec ses lunettes carrées couvertes de buée et son menton gris…

En sortant du hammam, encore absorbé dans mes pensées, je fus cependant saisi à ma droite par un attroupement inattendu, faisant cercle autour d'une porte dont la vue m'était masquée par la foule. Ceux de l'arrière, sur la pointe des pieds, cherchaient par tous les moyens à regarder par-dessus les épaules de ceux de devant qui, la face rougie, jouaient des coudes pour gagner une ou deux places. Les torses flasques, humides, se touchaient sans pudeur ni respect, et l'on voyait se balader au milieu des jambes poilues – hérissés hors de leur serviette – des sexes tendus comme des lances.

Je m'avançai malgré moi, surpassant le dégoût qui me serrait la gorge à l'idée de me frayer un chemin au milieu de la masse graisseuse.

Des gémissements émanaient d'une pièce obscure – sorte d'alvéole de ruche, d'alcôve pour reine des abeilles. Il y faisait si noir que les hommes qui y disparaissaient semblaient s'enfoncer au seuil de l'éternel, dans un gouffre dont nul ne ressortait jamais. Au prix d'une lutte agressive, je parvins à me hisser jusqu'à l'embouchure de la porte ouverte.

C'est alors que je devinai, allongée sur un matelas au sol comme sur un autel, la femme de tout à l'heure étendue sur le dos, les deux jambes en l'air (le mari en tenait une par la cheville), accueillant en elle, à la queue leu leu, la file des damnés qui avançaient pas à pas, sans un mot, vers ce gouffre sans fond – origine du monde –, centre de tous les centres dans lequel ils n'aspiraient qu'à s'anéantir.

Un réseau enchevêtré de mains et de bras se disputait la peau de la femme, lui touchait les cheveux, lui malaxait les seins, le ventre, lui caressait les jambes et les bras. Quand l'étalon avait fini, le mari allumait une petite lampe torche pour vérifier que le préservatif n'avait pas craqué et que le suivant, promu de la caresse à l'étreinte, avait enfilé le sien. Ceux qui n'avaient pas la patience d'attendre étaient autorisés à se soulager sur le corps étendu qui, comme une araignée au centre de sa toile, empoignait tout ce qui se présentait, sexes anonymes, sans propriétaire, bête à mille sexes qui l'entourait comme une méduse, l'étouffait, la remplissait. Aussitôt qu'une turgescence se dégonflait à grands flots, sa main l'écartait pour en saisir une autre. Je regardais un instant bourdonner autour d'elle cet essaim d'hommes nus, aux yeux éblouis, entourant le corps offert d'une sollicitude touchante, quêtant un regard qui ne venait pas, ou lui adressant avant de s'en aller quelques mots de remerciements qui restaient sans réponse. « Au suivant », disait le mari, « au suivant », avec sa torche de cerbère. La femme hurlait. Un homme me poussa du coude, « c'est ton tour, là ». Je fis un pas en arrière, le laissai passer, lui, et puis un autre, et puis tous les autres.

Il me semblait en avoir assez vu.

Nathalie III

J'ai revu Nathalie.

J'avais remis au hasard du service postal le soin de décider si elle recevrait avant mon départ ou non la lettre qui lui annoncerait mon réengagement dans l'armée. La veille – rompant la règle que nous nous étions fixée –, le téléphone sonna : c'était elle, en proie à une vive émotion et sortant brusquement de sa réserve. Est-ce qu'il était possible de se revoir une dernière fois avant mon départ ? À l'heure qui m'arrangeait, n'importe laquelle. Non, elle n'avait rien à me dire. Simplement me revoir. Oui, un peu chamboulée par mon départ imminent.

Je mentirais si je disais que je n'avais pas secrètement espéré cet appel et ce rendez-vous. Je suppose que Nathalie, mise au pied du mur, n'avait pu réprimer, malgré tout, son appréhension de me savoir loin d'elle. Jusqu'à présent, notre proximité géographique nous avait préservés du grand vertige de la séparation.

Les quelques kilomètres qui existaient entre nous ne nous avaient séparés qu'à la manière d'une vitre que l'on aurait pu briser à tout moment. Nous nous étions complus dans cette chaleur un peu diffuse, dans cette présence à portée de main. C'était comme si nous avions encore vécu dans la même maison, en évitant de nous croiser. Le ciel que je voyais, elle le voyait aussi. Si la pluie s'abattait dans son jardin, elle s'abattait aussi dans le mien. En partant, je savais que je mettais fin à cette proximité rassurante qui nous reliait encore par des fils invisibles. Et si Nathalie en avait aussi pris conscience, n'était-ce pas qu'elle m'aimait encore un peu ? Au milieu de mes cartons et de mon appartement désert, je ne trouvai cette nuit-là que difficilement le sommeil. Un sentiment de crainte (à quoi bon se revoir ? n'était-ce pas prendre le risque d'une déception ?) se mêlait à une espèce de joie irrésistible, irrationnelle, que le seul timbre de sa voix à travers le téléphone avait suffi à réveiller. Nous ne nous étions pas parlé très longtemps, et notre conversation avait été très formelle, mais cette voix avait suffi à faire oublier instantanément toutes mes douleurs et à faire renaître en moi un immense désir de la revoir. Je piaffais, comme un chien attendant son maître, et l'aube me trouva comme le crépuscule m'avait laissé : nerveux, distrait, l'esprit entièrement occupé par la pensée de notre rencontre prochaine.

Simplement, je n'étais plus très sûr de vouloir ce que j'avais tellement souhaité.

Chose ridicule : je me rasai, me parfumai et cirai mes souliers comme s'il s'agissait d'un premier rendez-vous et non pas du dernier... ce fut bien la seule fois de notre histoire où je me décidai à lui faire la cour. On fait tout toujours trop tard...

À l'heure dite, je me présentai au café de la gare en tirant ma valise. Elle était déjà là, je la reconnus de très loin. Nathalie fait partie des trois ou quatre silhouettes – peut-être moins – que je distingue à coup sûr au milieu d'une foule, aiguille brillante au milieu d'une botte de foin. En marchant vers elle, je ne pouvais m'empêcher de sourire à m'en faire mal aux pommettes et je vis sur son visage ses lèvres s'étirer elles aussi sans qu'elle ne puisse rien contrôler. Elle m'embrassa sur les joues, ses yeux étaient humides et je m'efforçais de lui cacher les miens. Sur le trottoir, nous prîmes deux pas de distance pour nous détailler l'un et l'autre. « C'est un nouveau T-shirt », « tu as l'air en forme », « non, tu n'as pas grossi, au contraire », « tu es allé chez le coiffeur » – chacun semblait retrouver sa progéniture après un séjour en classe de neige. Nathalie n'avait pas beaucoup changé. Le même rire. Le même regard espiègle. Un peu moins belle, peut-être, que dans mes souvenirs. Plus femme. Plus adulte. À moins que ce ne soient mes yeux qui avaient cessé, peu à peu, de la regarder avec les enchantements de l'amour fou. Elle portait une robe trapèze rouge à imprimé blanc qui descendait jusqu'au-dessus de ses genoux bronzés. Un petit nœud serrait sa taille qu'elle avait toujours aussi gracile. Sans un pli de graisse. « Si près de la perfection qu'on oubliait de la désirer », comme disait un livre que j'avais lu la veille. Nous nous installâmes dans une de ces brasseries pour voyageurs d'où l'on peut voir partir et arriver les trains. C'était l'heure creuse. Le gérant s'était réfugié derrière son comptoir et ne prêtait plus guère attention aux visiteurs. Tout juste levait-il de temps en temps les yeux de son journal pour chasser d'un coup de torchon les grosses mouches qui venaient siroter les restes d'un apéritif gisant dans l'évier.

Nathalie était assise en face de moi, un verre de Coca-Cola à la main. Je regardais son chignon rond, bien enserré dans un chouchou fuchsia, s'agiter au-dessus de sa tête. Ses grands yeux bleus. Nous nous étions mis à parler de tout et de rien, d'un ton badin, comme si nous n'étions que deux amis prenant leur verre quotidien, comme s'il n'y avait jamais eu entre nous six ans de vie commune et douze mois de silence, comme si tout à l'heure, quand le train démarrerait en m'emportant avec lui, n'allait pas se profiler la possibilité d'une séparation définitive, le contour d'un adieu qui nous laisserait à jamais orphelins de notre amour passé. Mais que devait-on dire dans ces cas-là ?

Toute parole solennelle serait ridicule, et pendant une heure, nous nous efforçâmes de parler de tout et de rien, de parler le plus possible, sans laisser la moindre chance au passé de venir se glisser dans les soupirs, de s'infiltrer entre les mots.

Dès que nous frôlions un sujet susceptible de nous amener sur une pente dangereuse, nous mettions subtilement un coup de barre, prenant soin de nous en éloigner. Nous naviguions prudemment sur l'océan du passé, évitant les écueils et les eaux trop agitées. À quoi bon remuer ces choses ? Ce que nous avions à nous dire ne tenait pas dans les mots. Il s'agissait surtout, au fond de ce café désert, du plaisir simple de se regarder, de l'envie d'imprimer à jamais cette image de l'autre au fond de nous-même, avant que la vie ne nous sépare pour toujours.

L'heure avançait sans que nous n'ayons rien prononcé de fatal, sans que nous n'ayons évoqué ce qui était arrivé, et ce qui allait advenir. Nous nous étions embarqués dans l'une de ces discussions sur l'art et la société que nous avions l'habitude de prolonger tard dans la nuit mais que nous n'aurions, cette fois, pas le temps de finir. « Il n'y a qu'avec toi que je peux parler de tout ça », me dit-elle à un moment. « Moi aussi », dis-je. Et, dans le silence qui suivit, je goûtai tout le plaisir de sentir que notre entente d'autrefois était toujours vivante, prête à renaître, et toute la détresse de savoir qu'elle serait désormais impossible. « Il est tard, je devrais aller prendre mon train », « c'est moi qui paye », dit-elle.

En passant derrière moi pour aller au comptoir, elle avait posé sur mon épaule une main faussement distraite, une fraction de seconde, comme pour s'assurer que je n'étais pas fait de fumée. Et moi, en la regardant penchée au-dessus du zinc, avec ses gestes d'adolescente, son corps de femme, j'avais cru voir passer pour la première fois, avec un serrement au cœur, le fantôme gris de ma jeunesse.

Sur le seuil de la porte, prenant mon courage à deux mains, je lui avais interdit de me suivre jusqu'à la gare. Je pensais qu'une séparation brutale nous épargnerait le lent supplice du silence qui grandit, de la conversion qui s'érode, des adieux noyés dans les larmes.

— Jusqu'au passage piétons alors, dit-elle avec un sourire faussement détendu.

Nous marchâmes côte à côte, son épaule effleurant la mienne. Nous avancions d'un pas lent, nous efforçant de gagner du temps, faisant à chaque obstacle des écarts disproportionnés, à chaque vitrine des commentaires badins que l'autre n'écoutait pas.

— Eh bien.

— Oui, dis-je.

— Nous aurons un bel automne.

Elle haussa les épaules, sa tête se pencha, sa figure fit une moue incontrôlable et des larmes inondèrent ses joues. Nous nous prîmes dans les bras et je serrai contre moi ce petit corps qui ne serait plus jamais le mien. Nous restâmes longtemps ainsi, immobiles, attendant que la tempête passât. Je laissai passer un feu vert. Puis un autre. Les gens nous contournaient avec humeur en arrivant au bout du passage piétons.

— Marchons encore un peu.

— Oui.

Nous fîmes le tour du pâté de maisons dans un silence de mort, les propos futiles ne suffisant plus tout à coup à combler le vide que nous ressentions. Nathalie reniflait, je lui fis passer un mouchoir.

— Je suis désolée, dit-elle, nous ne devrions pas pleurer.

— Non, dis-je.

— Ce n'est pas un adieu, n'est-ce pas ?

— Non, répétai-je.

Nathalie s'était arrêtée derrière un abribus et s'était mise à me frotter les bras, comme pour me réchauffer. Je la voyais hésiter, ouvrant et fermant la bouche.

— Cela ne sert à rien d'évoquer le passé, n'est-ce pas ? (elle disait toujours « n'est-ce pas ? »).

— Je ne crois pas, dis-je, les choses se sont passées comme elles se sont passées, voilà tout.

Nous reprîmes notre marche. Le feu était au vert et nous traversâmes la route. Le hall de la gare nous attendait au milieu d'une esplanade où se croisaient des flots de voyageurs. Nous contemplâmes ensemble le panneau lumineux sur lequel clignotait le numéro de quai de mon train.

— Tu as pensé à prendre de l'eau ? Je parie que non. Viens, gros bêta.

Nous fîmes le tour d'un petit magasin encastré dans le hall. Nathalie prit une bouteille d'eau et un sandwich qu'elle glissa dans mon sac.

Nous arrivâmes à l'entrée d'un long couloir qui amenait au quai. Nous ralentîmes machinalement, avant de nous arrêter pour de bon, et de nous tenir face à face.

— Pierre, dit-elle, sache que je n'ai jamais voulu te faire de mal.

— Moi non plus, dis-je.

— Parfois je me dis que…

— Non.

Je posai un doigt sur sa bouche pour l'empêcher de prononcer des paroles irréparables.

— Est-ce que tu es heureux ? Sa voix trembla, ses yeux s'humidifièrent à nouveau. Je veux dire, est-ce que je n'ai pas tout détruit ?

— Et toi, dis-je, est-ce que tu es heureuse ?

Je la serrai contre moi, le plus fort que je pus, pour sentir encore une fois ce cœur battre contre le mien. Je ne relâchai mon étreinte qu'après un long moment. « Allez », dis-je pour nous donner courage, et je lui adressai un sourire mouillé auquel le sien répondit.

— Ce n'est pas un adieu ? promis ? dit-elle en se forçant à continuer de sourire.

— Non, dis-je, bien que nous sachions tous les deux que c'en était un.

Je pris ma valise, elle me tapota l'épaule et je pivotai comme un automate avant de me mettre à marcher machinalement, droit devant moi, sans me retourner, dans cet interminable couloir où se bousculaient les voyageurs pressés. À chaque dalle que mes pas laissaient derrière moi, je pensais « encore une, encore une autre » et je me représentais mentalement chacune d'elles comme autant d'épaisseurs, de murs qui me sépareraient désormais de Nathalie. « Trente et une… trente-deux… trente-trois… »

Juste avant de déboucher dans le grand hall, je fis ce que je lui avais juré de ne pas faire : je me retournai une dernière fois, et je la vis, minuscule, seule, debout à l'endroit où je l'avais laissée, à moitié engloutie par la foule et m'adressant, de l'autre extrémité du couloir, un signe de la main auquel je répondis. Et puis, je me retournai pour toujours et je marchai dans la masse des voyageurs, n'entendant plus rien, ne voyant plus rien, sentant simplement se presser sur mes joues deux grosses larmes chaudes.

Ifrah

La photo est restée près de mon lit, à l'endroit où je l'avais abandonnée en déballant le carton. La fille au henné sur le bras pose éternellement une main sur ma cuisse. Longtemps j'avais cru être proche de me souvenir de son nom mais le sommeil me surprenait toujours au moment fatidique, transformant les sons et les lettres en une sorte de guimauve de plus en plus abstraite, me coulant entre les doigts.

Plus j'avais regardé la photo pourtant, et plus m'étaient revenus certains détails oubliés, certains épisodes effacés de ma mémoire. Sans doute fallait-il d'abord que toute l'histoire fût reconstituée, bien mise à plat et recollée, pour que finalement, la nuit dernière, l'ultime pièce du puzzle – son prénom – me revienne en pleine tête, comme une balle rebondissante surgissant du fond de mon passé. Elle s'appelait Ifrah.

Je la revois disparaître parmi les matelots en escale : sa silhouette élancée, ses manières félines, sa peau noire et ses dents blanches. Chaque fois que le hasard des nuits et des bars de D… nous mettait en présence l'un et l'autre, nous ne pouvions nous empêcher de nous dévisager et d'échanger, par-dessus la foule, des sourires de connivence. Un soir nous nous frôlâmes. Elle m'invita à danser. Me provoqua. Je résistai. Cela lui plut et un petit manège s'installa entre nous durant lequel, chacun tour à tour, se refusa à l'autre. Quand à la fin d'une nuit elle partait avec un soldat, elle lui disait en me désignant « avec toi je vais coucher, mais avec lui, un jour, je me marierai », et elle me tirait la langue, pour m'aguicher. Ce jeu des pôles qui s'attirent et se repoussent, qui se tendent les nerfs à force de s'effleurer, dura quelques mois pendant lesquels mon désir se mua bêtement en une sorte d'affection imprévue. Nous étions nés le même jour, partagions la même posture de dérision face à la vie. Il y avait en elle une fragilité, une tristesse dans les yeux qui m'émouvait. Devais-je la croire quand elle disait que j'étais son meilleur ami ? Dans le petit café de la place R… où nous nous retrouvions de temps en temps, nos conversations avaient lentement glissé vers un ton de confidence.

Jamais pourtant je n'aurais osé évoquer devant elle ce fantôme silencieux qui rôdait autour de nous, ce non-dit autour de quoi tout avait été bâti et empoisonné pour toujours – eau trouble du doute, de la suspicion, de la méfiance, à travers laquelle on ne verrait plus jamais clair. À D…, le mot « prostitution » ne faisait pas partie du vocabulaire. C'était le pacte sacré, celui qui permettait l'illusion. Rompre ce mensonge, c'eût été briser le rêve dont nous nous bercions, tendre à chacun un miroir dans lequel il aurait pu se voir : nous autres avec notre honte, notre lâcheté, notre incapacité à nous faire aimer, et elles, avec leur déchéance, leur honneur bafoué et perdu. Elles étaient étudiantes (en quoi ?), danseuses, barmaids. Nous leur offrions des cadeaux, les dépannions d'une somme qu'elles nous rendraient « plus tard » et qui, invariablement, tombait toujours tout rond sur ces fameux 2 000 francs qui étaient la règle implicite. Notre salut dépendait de ce petit arrangement avec la réalité.

Un soir, celui de Noël, nous nous étions par hasard retrouvés sur les lieux de la même fête. Le régiment avait fait installer sur la plage un grand barnum illuminé de guirlandes bleu-blanc-rouge, sous lequel avait été disposé un grand banquet à l'intention des familles. Je garde un souvenir émerveillé de ces Noëls d'outre-mer : les murs de l'église F… percés de grands jours pour laisser passer un peu d'air. Les sapins importés de France, avec leur verdure de pays natal, qui nous arrachaient à chacun une larme. Ces enfants en short courant vers un père Noël dégoulinant de sueur, étouffant sous sa barbe et dont les fourrures, les traîneaux, les rennes, et jusqu'à la couleur rouge du manteau paraissaient tellement incongrus dans cette nuit tropicale qu'il semblait réellement tomber du ciel – voyageur harassé descendu de son attelage volant. Et au lieu de la neige ouatée, brasillant dans la nuit silencieuse, ces plages de poussière étendues à l'infini où le silence semblait absorber les sons avec une douceur de farine. Les soirs de Noël, un sentiment fraternel nous faisait serrer les coudes, une humanité apaisée semblait s'annoncer pour l'année suivante, un rêve de paix paraissait près de descendre sur le monde.

La lumière du barnum dressé sur la plage déserte, illuminant la nuit comme une immense lanterne, avait attiré toute une faune nocturne avide de s'y faufiler : des saute-ruisseaux qui détaillaient avec envie les cadeaux emballés au pied de l'arbre, des resquilleurs de toutes sortes louchant sur le buffet, des vendeurs de babioles, des voleurs, des dizaines de curieux, de badauds restant respectueusement à distance, serrés les uns contre les autres, silencieux, les yeux grands ouverts comme pour ne rien manquer du spectacle, et – bien sûr – des jeunes femmes, les nôtres, pour qui l'événement représentait une sorte de rêve mondain (les officiers étaient en costume), l'occasion d'apercevoir et de se comparer avec fascination aux épouses de leurs clients, de rêver le temps d'un soir à une respectabilité qui les fuyait, à des enfants qu'elles n'auraient jamais. Elles avaient revêtu pour l'occasion leurs plus belles robes et leurs plus beaux bijoux, et guettaient à la porte une occasion de se faufiler, comme on voit parfois au Festival de Cannes des intrus errer autour du tapis rouge. Quelques-unes étaient parvenues à rentrer, et les soldats riaient sous cape de les voir converser avec les femmes de tel ou tel officier en faisant mine d'ignorer les regards moqueurs qui avaient l'habitude de les déshabiller. Parmi les quelques visages qui m'étaient familiers, je n'avais eu aucune difficulté à reconnaître celui d'Ifrah, superbement vêtue d'une longue robe à motifs, portant autour du cou et des poignets des anneaux dorés qui s'accordaient à merveille avec la couleur de sa peau. Je me demandais combien d'hommes elle avait dû séduire dans les derniers jours pour se payer cette coupe de cheveux grandiose, écaillée, sculpturale, qui lui donnait ce soir-là un air de reine d'Éthiopie. Les serveurs arabes, pas dupes mais craignant le scandale, consentaient à servir les petits-fours et le champagne à leurs congénères de mauvaise vie. Qu'importe, c'était Noël ! C'était, le temps d'un soir, la grande confusion des classes, la grande confusion des races, le grand oubli de la dégueulasserie de la vie.

Vers 1 heure, on ouvrit toute grande la toile du barnum pour évacuer l'air que la piste de danse surchauffait, et l'assistance se dispersa librement sur la plage, se fractionnant en petits groupes dont on n'apercevait plus que les masses sombres détachées sur les barres d'écume. La mer, en mourant au bord du sable, couvrait les conversations d'une rumeur continuelle. Un vent doux venu du large libérait les corps de toute la chaleur accumulée, les lavait du poids du jour. Dans le clair-obscur des lumières à acétylène, Ifrah – qui m'avait retrouvé dans la forêt de silhouettes – fut toute fière de m'annoncer qu'elle venait de parler avec Madame la colonelle qui avait accepté de la prendre comme nounou pour ses deux garçons, la trouvant « tout à fait distinguée ». Je la félicitai en souriant, ne voulant pas briser cette nouvelle illusion à laquelle elle ne croyait pas elle-même. Elle était, je m'en souviens, avec sa robe, sa jeunesse et son regard de velours, plus belle que jamais. Plus guillerette et plus souriante aussi. Je sentais de toutes mes forces l'immense bonheur que lui procurait cette soirée où chacun était autorisé à s'inventer une vie conforme et rangée, à se croire un instant autre que ce qu'il était. Me brûlait l'envie de la prendre dans les bras, comme on serre contre soi un amour de jeunesse, une histoire impossible. Nous marchâmes un moment le long du rivage, son bras glissé sous le mien, laissant s'insinuer entre nous de larges plages de silence que je renonçais à combattre. La nuit nous rendait timides. Cela faisait plusieurs mois que notre amitié un peu tendre avait remplacé le jeu de séduction des premiers jours. Pourtant, aucun soir je n'avais senti remuer en moi un tel désir d'embrasser Ifrah. Sentiment physique et presque douloureux qui me visitait pour la première fois. Hélas, dans la règle tacite qui présidait au commerce des hommes et des femmes à D…, coucher était une chose, embrasser en était une autre, défendue ; et pour accomplir ce geste, il m'eût fallu un surplus de courage et de sincérité qui me manqua (en enfant bien éduqué, je participais toujours bien volontiers au refoulement de mes désirs – élans honteux qui naissaient à mon insu et dont je ne savais que faire). Nous marchions. Le corps d'Ifrah venait de temps à autre s'appuyer et se presser contre le mien – masse légère et nue qui irradiait à travers la vapeur de sa robe. Il me semblait que cette soirée finissait de nettoyer entre nous l'eau trouble du malentendu, comme se dépose au fond d'un verre, lentement, avec une infinie douceur, un précipité impur laissant derrière lui une clarté reposante. Au large, les lumières des bateaux de pêche s'en allaient dans la nuit, silencieuses, comme ces lanternes d'Asie qui accompagnent vers le monde des esprits l'âme des disparus. Je repensai un instant à ma mère malade, aux derniers instants qu'elle s'apprêtait à vivre et durant lesquels je ne pourrais l'accompagner.

La solitude de ces lumières s'éloignant les unes des autres dans l'obscurité du ciel et de la mer confondus m'emplissait d'une mélancolie qu'Ifrah pressentit. Son épaule mollit contre la mienne et nous gardâmes, tout le long du retour, un silence respectueux. Un peu plus tard, et pour la première fois depuis que nous nous connaissions, elle m'invita à « rentrer ». Je ne contestai pas. Mais comme nous fendions une foule assez dense en remontant du rivage vers la file des taxis qui attendaient sur la digue, je distinguai autour de moi, à la lueur des cigarettes, des visages familiers qui, au lieu des grimaces égrillardes auxquelles je m'attendais, m'adressèrent surtout de gros yeux embarrassés et mille autres de ces petits signes discrets par lesquels on essaye d'avertir un homme courant à sa perte.

Un seconde classe que je connaissais vaguement m'écarta un instant d'Ifrah en me tirant le bras, puis, approchant sa bouche de mon oreille, me glissa cette phrase que je n'ai jamais oubliée – « elle est plombée ». Je le fis répéter. « ELLE EST PLOMBÉE ! » hurla-t-il, au-dessus de la musique, et comme je haussai les épaules, et qu'Ifrah me tirait l'autre bras, il m'avait regardé partir dans la nuit, impuissant, en me fixant de deux yeux qui semblaient vouloir me dire « je t'avais prévenu, pauvre fou ». Plombée… cela signifiait, en langage militaire : malade. Contagieuse. Vénérienne. Sidéenne.

Tout le trajet, j'avais observé Ifrah dormir sur la banquette moelleuse du taxi, comme un chat dont j'aurais percé le secret. Le corps de cette jeune femme fondue et abandonnée dans l'obscurité de l'habitacle, avec sa peau noire, son sourire blanc et ses yeux ensorceleurs, m'avait paru subitement la personnification d'une mort sensuelle et envoûtante. Derrière son visage appuyé contre la vitre, je regardais défiler le décor de cette ville où peu à peu je m'étais perdu. J'essayais sans y parvenir de faire adhérer à la silhouette endormie les mots du seconde classe qui résonnaient encore. Plombée ! Je réalisais aussi avec dégoût, que la petite boule qui me remuait le ventre devait moins à la compassion qu'aurait dû m'inspirer cet être qu'un mal incurable rongeait qu'à la peur, un peu lâche, qu'il me faisait craindre pour ma propre santé. Je pensais : « la vie est une sale chienne », et des mots énigmatiques défilaient devant mes yeux : chaude-pisse, vérole, gonorrhée, sida, hépatite, etc. Je me souvenais avoir aidé des camarades à amener un jour à l'hôpital une « madeleine » suspectée d'avoir refilé la « chtouille » à un bon ami. Devais-je en faire autant pour Ifrah ? Depuis combien de temps était-elle malade ? Le savait-elle elle-même ? Bêtement, je me rappelais, sans que je pusse en rire, cette légende de popote qui certifiait qu'une couche de moutarde habilement étalée entre deux préservatifs empilés l'un sur l'autre préservait de pareilles mésaventures. Oui, je ressentis pendant quelques minutes un sentiment de peur, mais aussi d'étrange attraction, comme on le connaît à l'approche d'un péril qu'on se refuse bizarrement à fuir.

J'avais, il est vrai, souvent songé à la maladie. Plus qu'une médaille, c'était une magnifique fièvre jaune que j'avais longtemps espéré rapporter comme souvenir d'outre-mer. Fièvre ! Le mot seul soulevait en moi tout un univers de suées, de délires, de draps trempés de sueur, d'yeux cerclés de jaune, d'alitements forcés et de nuits blanches. Je rêvais de ramener en métropole l'une de ces malédictions par lesquelles on distingue le voyageur revenu de loin – maladie exotique qui me poursuivrait dans le confort d'une vie tranquille, dans la morosité d'un foyer bourgeois, et rappellerait à chacun que j'avais jadis couru le monde. Vanité de jeune homme ! Je me figurais alors de longues après-midi sous la grisaille, à regarder de mon lit le rideau maussade de pluie vernissant les toits de Paris, tandis que loin du tumulte de la rue, des bus, des sirènes policières, des vendeurs de journaux, au dernier étage d'un immeuble haussmannien, le front brûlant de fièvre, face à mon vieux képi aux couleurs délavées, j'invoquerais la mémoire de ces femmes qui, pour la première fois, m'avaient pris dans leurs bras et des silhouettes aux visages effacés de mes camarades, figées pour toujours dans leurs vingt ans.

Ifrah habitait au deuxième étage d'une vieille bâtisse avec deux autres filles qui n'étaient pas là, sans doute perdues quelque part dans la nuit de Noël. Un grand lit barrait la chambre. De la cuisine, elle rapporta quelques galettes et un reste de ragoût pimenté dans lequel nous plongeâmes nos mains, assis sur le grand tapis arabe. Nous étions fatigués, mais heureux de prolonger cette nuit de fête. J'expliquai à Ifrah ce que signifiait pour nous autres Noël, et elle m'enseigna le sens de l'Aïd el-Kébir en islam. Une chicha remplaça le thé qui manquait, et de grands nuages bleus emplirent bientôt l'atmosphère d'une odeur mentholée. Partout en France, j'imaginais les enfants se retourner cent fois dans leurs lits en rêvant aux cadeaux qui les attendaient, à l'aube, sous le sapin. C'était un âge dont je n'étais pas si éloigné et en même temps tellement étranger ! Cinq ans à peine. Que s'était-il passé dans l'intervalle ? On est un enfant. On ne l'est plus. Quelque chose vous a basculé du jour au lendemain dans cette fosse commune, pleine de monstres, dans laquelle on avance à l'aveugle en se heurtant à tout et qu'on appelle la Vie. Je pense à cette citation de Barrès : « D'abord meurent nos plaisirs, et puis nos espérances, et puis nos effrois ; et, quand tout cela est mort, la poussière appelle la poussière, et nous mourons aussi. » Où en étais-je ? Des espérances, j'en avais encore. Dix ans plus tard, je n'en compte plus beaucoup. Même celle de l'amour – même celle de l'amour – je me la suis arrachée. Reste cette ridicule prétention à « raconter » sans laquelle, peut-être, je ne tiendrais plus debout.

Allongé sur le lit, je m'étais laissé faire par les mains d'Ifrah qui était venue se blottir contre moi, la tête posée dans le creux de mon épaule, tous deux naufragés sur ce matelas au pied duquel battait le fracas du monde. Seulement, je demeurai raidi sur le lit, tiraillé par des émotions contradictoires de peur et de désir qui ajoutaient à ma gaucherie habituelle. Nous étions restés de longues minutes sans prononcer un mot. Elle avait posé sa main sous mon T-shirt, comme un petit oiseau dans les poils de mon torse. Je plongeai la mienne le long de son dos, par la fermeture de sa robe, jusqu'à la courbure de ses fesses. De sa peau émanait une chaleur de vie qui me bouleversait et je m'abandonnai peu à peu à ce vertige étrange, comme un homme suspendu au bord d'une falaise qui, sourd aux sages avertissements de la conscience, ne pouvant plus détacher son regard des vagues aveugles qui trente mètres plus bas l'appellent, prêtes à l'engloutir, se laisserait peu à peu glisser vers le vide. Vagues aveugles ! Torrent vorace ! Rivière souterraine qui vrombit sous la surface des choses et qui vient nous happer un à un. À moins que, n'y tenant plus, rendus fous par sa rumeur obsédante, nous choisissions nous-mêmes de nous y jeter ! Dehors, la nuit de Noël avançait. J'aurais voulu que la lumière continuât de décroître encore jusqu'à tout recouvrir d'un voile de néant. Je me souviens de la douceur de la cuisse d'Ifrah, lorsqu'elle avait glissé sa jambe entre les miennes et commencé de m'embrasser.

Épilogue

J'ai garé la voiture en amont du petit chemin qui mène au portail, jugeant qu'il n'était plus besoin de me presser. Au loin, les deux sentinelles, avec leurs képis blancs, n'ont pas manifesté le moindre geste d'étonnement, comme si, depuis longtemps, elles étaient accoutumées à ces atermoiements de dernière minute.

Derrière le mur d'enceinte, d'immenses pins se balançaient lentement dans le vent, entourant la masse blanche d'un bâtiment impeccablement peint. De chaque côté du portail, les fanions rouge et vert barrés d'une grenade à sept flammes et, au-dessus de la grille, la devise : Legio Patria Nostra. La Légion est notre patrie.

En sortant de la voiture, les stridulations des cigales m'assaillirent. Il faisait une chaleur terrible. De chaque côté de la route, des pins cuisaient sous le soleil. À quoi bon se presser ? J'avais encore le temps. Maintenant ou dans une heure, est-ce que cela avait vraiment de l'importance ? Mon baluchon posé sur la banquette arrière n'allait pas s'envoler.

Je m'asseyais sur une souche, à l'ombre de la forêt, quand, débouchant d'un chemin que je n'avais pas vu, deux biffins en survêtement de régiment, crâne rasé, sac sur le dos, passèrent devant moi en me souriant d'un air narquois. Ils étaient beaux, jeunes, en bonne santé. Il y a longtemps, j'avais dû leur ressembler. Mais peut-on revenir en arrière ? Peut-on remonter le cours du temps ? Peut-on contester ce qui, depuis longtemps, a été pour nous décidé ?

Et d'abord, pour quoi faire ? Espérer un miracle à l'endroit où le malheur nous a frappé ? Ou, au contraire, s'enfoncer pour toujours dans le passé, comme le lépreux, avec sa cloche, se retire parmi les siens ? Tourner éternellement, enfin, autour d'une certaine nuit de Noël ?

À 15 heures, je n'étais plus sûr de rien et je restais inerte, devant mon volant, incapable d'enclencher la clé de contact. Je pensais à tous ceux à qui j'avais annoncé ma décision pour la énième fois, ceux à qui j'avais soutenu et promis qu'ils allaient voir ce qu'ils allaient voir. Anne, Nathalie, Bébert et ceux du café… Devant la grille, les deux sentinelles étaient toujours immobiles, comme des soldats de plomb. À 16 heures il y eut une relève, deux autres factionnaires en costume vinrent prendre la place des premiers dans les guérites. Comme un mécanicien examinant un engrenage dans lequel se serait glissé un grain de sable, je guettais au fond de moi si quelque chose clochait. Était-ce la peur ? Ou simplement la conscience du ridicule de la situation ?

À 16 h 30 j'étais au désespoir, en colère contre moi-même et décidé à disparaître. À 45 j'eus une idée : rien n'empêchait de revenir demain ? Peut-être s'agissait-il simplement d'un mauvais jour ?

À 17 heures précises, je vis de ma voiture les battants du portail se refermer lentement.

Au bord de la route, sur le chemin du retour, quelques filles appuyées à la glissière guettaient les grivetons en permission. J'embarquai sans réfléchir une Roumaine assez jolie qui me regarda pleurer sans poser de question. Arrivé au bord du chemin où elle voulait que je m'arrête, je lui fis signe que j'avais changé d'avis et la reconduisis à son point de départ en lui glissant deux billets. Je roulai encore pendant une heure environ, jusqu'à la chambre d'hôtel que j'avais louée la nuit précédente. En me croisant dans le hall, le guichetier fut tout surpris de me revoir.

— Vous revenez ?

— Pour une nuit, dis-je. Enfin, peut-être un peu plus.

Nuits

Maintenant je suis allongé sur le lit. La nuit est déjà tombée. L'ombre peu à peu s'immisce par la fenêtre que je n'ai pas eu le courage de fermer. Je pense : ce n'est pas l'obscurité qui monte, c'est moi, moi et cette chambre qui lentement, paisiblement, inexorablement, nous enfonçons dans la nuit.

Composition et mise en pages
Nord Compo à Villeneuve-d'Ascq

Cet ouvrage a été achevé d'imprimer sur Roto-Page
par l'Imprimerie Floch à Mayenne
pour le compte des éditions Grasset
en juin 2024.

PAPIER CERTIFIÉ

Grasset s'engage pour
l'environnement en réduisant
l'empreinte carbone de ses livres.
Celle de cet exemplaire est de :
500 g éq. CO_2
Rendez-vous sur
www.grasset-durable.fr

N° d'édition : 23263 – N° d'impression : 105043
Dépôt légal : septembre 2024
Imprimé en France